国語の授業

きく・はなす・よむ・かく

山本正次 著　松口一巳 編

やまねこブックレット 教育③

仮説社

はじめに

松口一巳

ある時、中学校から小学校へ異動してきた先生から、こんなことを聞きました。

「国語は、何を教えたらいいか分からないんです」

これを聞いて私は考えてしまいました。

国語の授業については、教科書の指導書を始め、公立研究機関や民間研究団体などからいろいろな指導法が提案されています。内容も、読み取り（読解）、作文、文法、漢字…と多岐にわたっています。本当にやることが多く、その上に指導法も数多くあるので困ってしまうほどです。

にもかかわらず、「国語は、何を教えたらいいか分からない」という声は決して珍しいものではないのです。これはどうしたことでしょう。

この「国語教育の根本を問うている」とも思える疑問を前にして私自身もとまどい、やがて「山本正次さんの仕事を紹介したい」と強く思うようになりました。

山本正次さんは戦前から大阪で教師を始めていましたが、「戦時中、子どもたちにうそを教えてしまった」という反省から、戦後は「自分は子どもたちを守る防波堤となる」と心に決め、国語教育に情熱を注いでこられた方です。よみかた・綴方教育の先駆的な実践家であった芦田恵之助《あしだえのすけ》（一八七三〜一九五一）に学び、さらに五十歳を過ぎて仮説実験授業と出会い、その思想に共感し、「子ども中心のたのしい国語の授業」を求めて学び続けられました。さらに、その研究成果をまとめた「誰でもできる授業プラン」の数々は、多くの教師たちをほっとさせ、子どもたちの笑顔によって支持されてきました。

山本さんの書かれた文章や作られた授業プランを読むと、ハッとさせられます。そこには、非常に明快で国語の本質をとらえた授業が、「自分もこんな授業がしたい」と思える国語の授業があります。山本さんのシンプルでしかも奥が深い授業の方法を、このブックレットで知っていただけたらとても嬉しいです。

国語の授業 きく・はなす・よむ・かく

山本正次 著　松口一巳 編

すきなところがありますか

●感動から出発する国語の授業

●感動と認識

わたしたちの認識というものは、感動をともなった理解によって生まれ、そして定着するもののようです。これはあなたのクラスのどの子にもあてはまることで、成績のよいわるいには関係ありません。いや、むしろいわゆる「優等生」とされている子どもたちが、感動をともなうことなく、わかってしまったり、おぼえたりすることに抵抗を感じないのだ——と、言えるかも知れません。

〈すきなところを読む〉という学習は、まさにこの感動をこそ大切にしようではないか——という考え・主張から生まれてきた授業のすすめ方のひとつであります。この方法は堺市在住の野名竜二さんが、自分の授業実践の中から生み出されたもので、具体的には次のような子どもへの働きかけによって授業は展開していきます。

子どもたちが教材の文章を読んで、作品の内容のあらましがおおよそつかめたところで、教師は次のとおり子どもに問いかけたり指示したりします。

（1）このお話の中で、すきなところがありますか。
（2）では、そこを読んでください。
（3）いま、読んだところで、なにかお話したいことがありますか。
（4）それではそのお話をしてください。
（5）もう一度、いまのところを読んでください。

この方法のすぐれているのは、だれが、いつ、どこでやっても、一応の成功をおさめ得るという点にあります。子どもがみずからのこころ動かされたところを読み、その感動した所以《ゆえん》を語り、そしてもう一度本文にたちかえって読むということ――読んでは語り、語っては読む――これはどの子にも、その子なりにできることでしょう。

●なんとなく

どうして感動したのか、何に感動したのか、その理由をどうにも話せない子もいると思います。いて当然です。そんな子には無理に言わせる必要もないと思います。しかし「そんなときは〈なんとなく〉と答えてもいいのだよ」――と教えてやるのもひとつの方法ではないかと思われます。これは「仮説実験授業研究会」の中で私が学んだことであります。

学校というところは昔からこういうアイマイな言い方を不真面目であるとして頭から排除してきました。「ナントナク」などと、いいかげんなことでゴマカスナ――というのです。しかしよく考えてみると、「なんとなく感動した」ということは、きわめて人間的な表現ではありませんか。

じつは、その方がほんとうかもしれない……という気もします。感動はいきなり、ドーンと、あるいはじわじわ、ひたひたとやってくるものです。「筆舌に尽くし難い」というのが感動の正体なのかもしれません。「何に感動したのか」という分析はしばらくたってからのことでしょう。だから感動の理由のひとつに「なんとなく」は当然認められてよいということになりそうです。

こういった幅ひろい受けとめ方をしてやる肚《はら》が教師の側にできあがると、どの子どもにも、自分なりの受け答えができるという自信が生まれてきそうに思えます。その結果、ひとりひとりの語りに、その子ならではの個性がにじみ出してくるでしょう。そこのところが日本語の言語活動の教育として大いに意味のあるところだと思うのです。

●とりつくしまがないときは

私が、この「すきなところがありますか」という話をすると、必ずといってよいくらい、聞き手の胸に浮かんでくる疑問のひとつに、

〈「すきなところがありますか」と問いかけて、「はい、あります」と答えてくれればいいのだけれど、そんなのはひとりもなくて、みんな「ありません」ととりつくしまもない時には、どうする？　教師は立ち往生じゃないか〉

というのです。もっともな疑問です。授業プランではつねに最悪の場面の想定が必要であります。

しかし、この答えはきわめてかんたん。子どもたちが全員、「すきなところなんか、べつにありません」というのであれば、まず、「そうかい」と、ゆったりそれを受けとめた上で、「わたし

はね、ひとつだけ、とてもすきなところがあるんだよ」と言って、先生自身が感動した箇所をゆっくり読み上げてやればよいのです。そうすれば、きっと、「あ、そこ、ぼくもすき」とか、「わたし、ちがうところにみつかったよ」とか、子どもたちは動きはじめるものです。

同様に、だれもすきなところについて語ってくれそうになかったら、「先生はネ……」と、自分の思いをかんたんに語ってやればよいのです。ここでは特に教師は指導者ではなくて、話し合いの環のなかの一員として授業に参加することです。

こういった教師のはたらきかけがあってもなお子どもたちが語ろうとしない場合は、すきなところを読むだけで終わっていいと思います。そして次の機会を待てばよいのです。

ところで、授業の評価――成功か失敗かを決めるのは子どもであります。子どもがたのしいと感じ、もっとつづけてほしいとねがう授業はあきらかに成功であります。そして、先に述べた形で自由に子どもの思いを語らせる授業に、ほとんど失敗はありません。子どもたちはみなよろこんでくれます。これはすでにたくさんの先生方の実践によって証明されているところであります。

●結果を大切にする

さて、だれが、いつ、どこでやっても一応成功するということは、何でもないことのようで、じつはたいへん重要なことではないでしょうか。このことは「結果に注目する」「結果として出てきた事実を大切にする」という、科学研究の基本にならったのではないかと思われます。わが国に於ける「教育科学」というものが、いつまでたってもかけごえばかりでいっこうにはっきりしたものを生み出せないのは、この「結果を重く見る」という風が確立せず、とくに国語科「よみかた」の指導では、いまだに〈子どもがどう思おうと、だいじなことはきちんと教えこまねばならぬ。苦しくても耐えさせる。それが子どものためだ〉とする考え方が根深くのこっていて、私がここでいう〈授業の結果を大切にしよう。結果を大切に……ということは、子どもたちがその授業をどう評価したかを重く見るということだ〉という主張とは、はげしく対立することになります。私は、「苦しくても耐えて……」などとはまったく思いません。「大事なことであればあるほど、子どもたちがたのしく受けとめたかどうかを重視せねばならぬ」と考えます。それだからこそ、「感動」をまん中にすえて、読み、そして語るという、あまりにも単純とも見えるこのやりかたを、いよいよ大切にしようとするのであります。

私は「このやりかたをまずまねてみてください」といいたいのです。ところが、いまだに、〈ひとまねはすべきでない。ひとまねでは大成しない。己れ自身のものを持て。そのために刻苦勉励せよ〉という風潮が、教育現場には生きのこっているようです。ひとまねはナマケモノのやること――と非難されそうです。だが、私はそう思いません。たとえ、大学新卒の先生であっても、先に挙げた（1）から（5）までのはたらきかけで、子どもに対してみたらよろしい。たぶん授業は成功するでしょう。だから、まねたらよいのです。まねるべきです。よいものはまずまねてみて、そして、うまくゆけばよろこびが得られます。そのよろこびが原動力となり、推進力となってはたらいてくれます。そして、やがて、その方法によりそいながら、いつのまにか、他の人とはちがった自分らしさが、授業のなかににじみ出してくるのです。そして、そこからまたあたらしい授業の運び方が生まれてくるであろうことも十分予想できるではありませんか。

「模倣」と「創造」とが、けっして相対立する概念でないことは、いつも板倉聖宣《きよのぶ》先生のおっしゃるとおりであります。科学はこういった形の中から生まれ、今日まで進歩しつづけてきたということであります。ここのところをはっきりさせないかぎり、日本の「教育科学」はいつまでたっても有名無実のままでおわるしかあるまいと思われます。

（一九九〇年2月、大阪府堺市の「堺・国語研究会」集会に提出した資料に一部加筆したもの）

話し合うことのたのしさをもとめて

●聞くことがもと

授業公開をともなった国語科「よみかた」の研究会でよく論議の的《まと》となることのひとつに「子どもが活発に発言したかどうか」があります。〈話す力を身につける〉というのはたしかに国語教育の目標のひとつですから、そのことをどうこういうのではありません。けれど時には話すこと以前に子どもたちの「聞く」姿への注目があってよいのではないでしょうか。私たちがペンを手にする時、熱心な「読み手」がいてくれると文章表現の意欲が湧くのと同じで、よい「聞き手」がいてくれてはじめて話に実が入ります。だからたとえば授業の中で子どもたちがどのような場面で聞くことのたのしさを味わっていたか、そしてそれはその時の話の何が「聞き手」をひきつけたのか――そういうことが研究対象としてとり上げられてよいと思うのです。

考えてみると、ことばによる「きく・はなす」の方が文字・文章を対象とする「よむ・かく」に先行するのは当然のことであり、そのことばによるコミュニケーションの場面をいろいろ想像してみると、何といってもそのスタートは「聞くこと」からだと思わざるを得ません。まずは相手のことばに耳をすます――この「よい聞き手」こそがやがては「すばらしい話し手」に育ってくれる。〈話し上手は聞き上手〉とはこのことでしょう。

ところで、それではその「よい聞き手」を育てるためには何をどのように……ということが次の問題となります。その答えはいろいろと考えられるでしょうが、私はまず「聞くに値する内容をもった話」を用意することだと思います。子どもはすばらしい話には耳を傾けてくれます。よい話そのものがよい聞き方を育ててくれます。くだらん話はしないことです。それは私たちが考える以上にマイナスに作用して彼らの「聞く力」を減退させます。

そして次にはそのいい話をしてくれる人の「話しぶり」がすぐれているということ。それによって話の中身のおもしろさが鮮明に伝わり、聞き手はそのたのしさを感じとります。子どもたちのためにこういう存在であってほしい人――それはいうまでもなく学級担任であるあなたです。あなたの「話し方」は授業・授業外を通して、あなたが思っている以上に直接子どもたちに働きかけます。子どもたちはこれに刺激され反応しながら自分の「聞き方」をつくり上げてゆく。「先生」とはやはりたいへんなしごとを受け持つ人であります。

●つまずきはどこから

さて、子どもたちがりっぱな日本語の使い手になるため身につけさせてやりたい力はふつう「よむ・かく・きく・はなす」の四つとされています。この中で先生も子どもも共にもっとも苦手とするのが「はなす」ではないでしょうか。先生の話や友だちの発言をきちんと聞きとり、教材の文をまちがいなく書き写し、文章・詩を流暢に音読することはできても、その文章の内容についてわかったことを自分のことばで述べ合ったり、感じたこと考えたことを自由に話し合ったりする「はなす」の場面では多くの子どもがつまずいてしまうようです。教える側の先生もまた授業の中で何をどのようにすることで「はなす」力を身につけさせることができるのか――という壁にぶつかってとまどってしまいます。いったいこのつまずきのもとは何なのか。

それはいろいろと考えられそうですが、私は何よりもまず教師の認識に問題がありそうに思えてなりません。基本的に「話す・話し合う」ということを先生自身どう考えているかということです。子どもたちに話せる力をしっかり身につけてやろうと考えるその前に、まず「どの子も自由に話す権利を持っている」という人権に関わる認識を持たねばならないでしょう。それはいうまでもないことですが、いまひとつこれと同じ重さで「どの子も話さない権利をも持っている」ということを忘れてはならないと思うのです。話したくない時は話さなくてよいから話したい時に話せるのであって、それではじめて個人の自由は保証されます。

しかし学校では往々にして子どもの人権が無視されます。学校とはそういうところ、先生とはそういう存在と決めてしまっているから「子どもの権利条約」が発効した今もなお体罰が横行するのです。不審尋問をする警官でさえ「住所氏名は？」と聞いても相手が黙っている場合は「黙秘権の行使」と解釈して、答えたくないという意思表示を認めるのです。ところが学校の先生は授業の中で子どもが答えなかったらそのまま立たせておく。これは明らかな懲罰、曝《さら》しものの刑です。「オマエハコンナコトニモ答エラレナイ。勉強不足ダ。立ットレ！」というわけでしょう。

立タサレタ者は先生の許可があるまではそのまま立ちつづけて居らねばなりません。私が子どもであった頃からあったこの風景は、今もまだあちこちの教室に残っているのではないでしょうか。答えられない者や答えたくない者を指名してしゃべらせようとするのは人権無視です。子どもたちがいろいろ答えられるように、あるいは答えたくなるように授業を運んでいくのが教師の仕事であるはずです。だから私はこの「話し方」指導のトップに「子どもには自由に話す権利がある。が同時に話さない権利もあるのだ」ということを持ってきたいのです。

　こういうと「話せるように」の指導であるのに「話さない権利も認める」などというのはおかしい、それではブチコワシではないかと、たちまち詰問されそうです。だが考えてみてください。「自由に話せ」と子どもたちに注文してその通りよく話せるようになった子がいたら、その子はヨイ子、先生のことばどおりよく努力したと高く評価してもらえるでしょう。けれどまだ話せぬ子はもう駄目な子、オチコボレとなってしまうではありませんか。だから「話してほしい」の次のひとこと「しかし、子どもには話さない権利もあるんだぞ」とつけ加えようというのです。すると今のところまだ話せぬ子にも浮かび上がる可能性が認められることになります。彼はただいま権利の行使中なんだ、だからまだ話せなくていい、……だがしかし……やっぱり何とかしてうまく話せるようになってほしいナ……と、ねがう。このように否定を二度くり返してもとの肯定に立ち返る。この二重否定という作業によって私たちの認識のふところは深みを増します。ゆとりが生まれます。何が何でもという善意のおしつけを生む悲劇から逃れる道がここにあります。この姿勢で対してやることが子どもの身になって……ということでしょう。

●「とく」と「かたる」

ところで私はふつう国語科「よみかた」授業運営の方法として挙げられる「きく・はなす・よむ・かく」の中の「はなす」をさらに分けて「とく」と「かたる」にしたいと考えます。

この「とく」ということばをはじめて使われたのは故芦田恵之助《あしだえのすけ》先生（一八七三〜一九五一）でした。先生によれば「とく」は「説く」あるいは「解く」であって、ひとつの文または文章がそこにさし出している意味を正しくつかみとって、それをみんなによくわかるようなことばで言い表わすこと。すなわちわかりにくいところを解きほぐして、他の人たちに説き聞かせることと定義されたはずでした。だからこれは現在、一般に使われている「読解」（よみとり）ということばに当ると考えてさしつかえなかろうと思います。

子どもたちは教材である文章をよむ（音声化する）ことやさらにむずかしい部分を書きぬくことによって、少しずつその内容を理解していきます。このことをさらに具体的に言えば、それはことばを手がかりにしてイメージを描くということであり、さらにそのイメージ相互の関係や、イメージの変化に気付いて、そこに展開してゆく「ことがら」が次第にはっきりしてくるということです。しかし、読んでも書いてもまだはっきりしない「イメージ」や「ことがら」が残る場合があります。そのときこの「とく」という仕事がはじまります。この仕事は先生が担当することもあります。子どもたちのまったく知らないことについてはこうするほかないでしょう。しかしまた、先生の問いかけをヒントにして子どもたちが自分の考えを述べ合うときもあるはずです。そんなときみんなはひとりひとり自分の考えとそれを比べてみたり、「あ、そうか」と、うなずいたりするでしょう。いままで描いていたイメージがどうもはっきりしなかったのは、このことばのはたらきに注目していなかったからだ……と気付いたり、あ、そこまでは考えていなかったからだ……と気付いたり、あ、そこまでは考えていたんだけどなぁ、もう一歩ふみこめばよかったのだとわかったりします。そしてその結果「ははあ、このお話はこういうことを言っているのだなア……」ということがおぼろげな形ながらなんとなくノーミソの中に浮かび上がってきます。おそらくこれが主題（あるいは要旨）と呼ばれるものでしょう。そしてそんな中で「読み手」の子どもたちはその文章そのものから、かならず何かを感じ、何かを思い、何かを考えさせられるはずです。それを自分のことばで言い表わしてみる——そのことを私は「かたる」と名付けているのであります。わが思い（想い）を語る、の意です。

したがって「とく」も「かたる」も話すことにかわりありませんが、「とく」が理解のため、正しくわかるための話であるのに対して、「かたる」は読み手である自分が何を感じ、何を思い、何を考えたかをみんなに聞いてもらうための話なのです。

それでは作品『ごんぎつね』（新美南吉・作）を例にとってこのことを考えてみることにしましょう。次は『ごんぎつね』の第六場面——ごんが兵十の火縄銃で撃たれるくだりです。この作品はむかしから多くの教科書に載せられて有名なのでよくご存知だろうと思います。授業研究の材料としてとり上げられることも多く、しかも研究会当日授業される場面は申し合わせたようにこの第六場面なのです。これもまたもっともと言えることで、この物語のクライマックスがこの「終章」だからでしょう。私もあちこちの学校で『ごんぎつね』のこの場面の授業を見せてもらいました。

そのあくる日もごんは、栗をもって、兵十の家へ出かけました。兵十は物置で縄をなっていました。それでごんは家の裏口から、こっそり中へはいりました。

そのとき兵十は、ふと顔をあげました。と狐が家の中へはいったではありませんか。こないだうなぎをぬすみやがったあのごん狐めが、またいたずらをしに来たな。

「ようし。」

兵十は立ちあがって、納屋にかけてある火縄銃をとって、火薬をつめました。

そして足音をしのばせてちかよって、今戸口を出ようとするごんを、ドンと、うちました。ごんは、ばたりとたおれました。兵十はかけよって来ました。家の中を見ると、土間に栗が、かためておいてあるのが目につきました。

「おや」と兵十は、びっくりしてごんに目を落しました。

「ごん、お前だったのか。いつも栗をくれたのは」

ごんは、ぐったりと目をつぶったまま、うなずきました。

兵十は火縄銃をばたりと、とり落しました。青い煙が、まだ筒口から細く出ていました。

そこでいま授業の中で先生が子どもたちに向かって次のように問いかけたとしてみましょう。

「ごんは兵十の火縄銃に撃たれて死んだのでしょうか？　撃たれたけど死ななかったのでしょうか……本文にはどう書いてありますか？」

この問いで大切なのは「本文にどう書いて（表現して）あるか」というところです。問いの意味が鮮明であれば答えようという意欲が湧きます。何を聞いているのか、それがはっきりしなくては答えようがありません。だから問いかける側に一言一句を吟味する周到さが求められることになります。この場合の「どう書いてありますか」は「どう思いましたか」ではありません。そこに文章表現されている事実を聞いているのです。だから先に述べた「とく」という作業を要求されているのだ――と、とっさに子どもたちは判断してくれねばなりません。その判断が働けば、子どもたちはおのずから再び本文にもどって黙読がはじまるでしょう。そしてたとえば〈ごんは死んだのだ……けれど、どこにも「死んだ」とは書かれていない。ごんはバタリとたおれた。夕マは命中したのだ……すると、やっぱり死んだのかナ……いや、兵十に「ごん、おまえだったのか！」と言われてごんはうなずいているから、ここではまだ生きている……けれど……〉と、こんなふうにことばを目で追いながら、ごんのイメージの描きなおしがはじまります。死んだのか、死ななかったのか、直接書かれてはいないけれど、文そのものが「ごんの死」を表現している箇所がないか――そのことをつかもうとするかなり高度な「よみ」の作業がひとりひとりのノーミソの中ではじまります。それらはまだことば以前の「内言」と称されるものかもしれません。自分が自分に向ってといていている段階とも言えるでしょう。

私は実際に5年生のクラスを借りてこの第六場面だけを授業してみたことがあります。4年生のときに習ったはずであるのに、改めてごんの生死をたずねるとクラスの半数近くが「ごんは死んでいない」といいました。理由は本文のどこにも「死んだ」とは書かれていないから――です。さらに、火縄銃のタマは当ったのだけれど急所を外れていたというのもあり、今までの事情がわかった兵十はごんの傷の手当をしてやって、その後二人は仲よく暮らしたにちがいない、などという後日物語まで加わったりしました。死んではかわいそう、生きていてほしいという願望が、いつのまにか自分勝手な主観よみに移行しているのです。このように理由を述べさせたあと、私はその「よみ」はまちがっているときっぱり否定しました。そして「ごんは死んだ」とよむのが正しいと断定し、「しかしそう言い切れる証拠はどこにある?」と追及しました。ずいぶん荒っぽい授業だったなと思いますが、そう問われて子どもたちは再び黙読を始めました。この時の授業では最後にひとりの女の子が〈パタリと銃をとり落とした兵十〉の形象をみごとに描き出してくれました。私がもうそれ以上ひとことも補う必要がないほどの見事な「ときかた」でありました。

このようにして「ごんの死」を確認させるための「とく」という作業をすませたあと、私はもう一度この第六場面をよませ「それではみなさんの感じたこと、思ったこと、考えたことを自由に話し合ってみてください」と注文して、「かたる」というしごとに入らせました。

「かたる」は想いを語る作業であって、「とく」の場合とは異なり何をどう語ろうとそれはまったく表現の主体である語り手の自由であります。ところがこのわかりきったことが案外理解されていないようです。「思ったとおり話してごらん」と自由な発言をうながしておきながら、「ごんはばかなやつだ!」というような、こちらが予期していなかった発言がとび出すと、「え!」とうろたえてしまったり、「なんということを……」という顔をしたりする人があるようです。これがたび重なると子どもたちは率直にわが想いを述べるのではなくて、どう答えれば気に入ってもらえるかと先生の目の色をうかがうようになるでしょう。これではもはや「授業」とは言えなくなります。「ごんはばかだ」と思ったのなら、ためらわずみんなにそう語ってみる、それでいいのだ、いや、それが正しいのだということを子どもたちにわからせていく。それが授業というものでしょう。教師自身『ごんぎつね』の主題はこうだから、それがつかめたら子どもたちはきっとこういう思いを持つにちがいないとか、こんな感想を述べてほしいものだとかいう願望を強く持ちすぎないことです。これが強すぎるとどうしても子どもたちの「語り」を自分の思う方にリードしたくなります。けれど一様に主題の方向にしぼられたような感想がつづくよりも、子どもたちひとりひとりの自由な思いをためらわずに語ってくれる方が、ずっと「たのしい授業」になることはたしかだと私は考えるのですがいかがでしょうか。

このように「よみ」の方法としての「話すこと」を、「とく」と「かたる」にはっきり区別して考えることは大切です。授業する先生も授業を受ける子どもも今話し合われていることが「とく」なのか「かたる」なのか、それがはっきり自覚されているということが平明な授業を生み出す条件のひとつです。

●話し合うことのたのしさを

『朝日新聞』の論説委員であった松山幸雄氏のことばに次のようなのがあります。〈年をとるにつれて、「幸せは、カネにあらず、地位にあらず、名誉にあらず、身近な人との楽しい会話にあり」と感ずるようになるのでないか〉（「〈些細が大事〉――されど」『暮らしの手帖』No.50より）。私もこのことばに同感します。

ＮＨＫのＦＭ放送毎日曜の正午すぎから「日曜喫茶室」という番組が放送されています。守口市のＹさんという友人が「おもしろいですよ」と紹介してくれました。そこでそれまで私はＦＭでは音楽しか聞いてはいなかったのですがスイッチを入れてみました。「日曜日の午後のひとときをこの喫茶室で」という想定で、司会は、はかまみつお氏、常連のお客に画家の安野光雅氏、コラムニストの天野祐吉氏、そこへ当日招かれた人が次々とやってきて、その日のテーマに沿いながら話し合うという趣向のものです。そのテーマによって聞く者の関心の大小は当然生まれはしますが、とにかく0時15分から始まって2時きっちりまで、数名の人たちによるその座談のおもしろさは大したものです。いつのまにか私自身もその話し合いの輪に入ってうなずいたり笑ったりで、この「日曜喫茶室」今では週一度の何よりのたのしみとなりました。

ところで私も年に何度かは旅行することがありますが、その時いつもきまったように思うことがあります。宿泊したホテルや旅館にはどこもみなりっぱなロビーがあります。ところがそこはほとんどの場合閑散として人影もなく、夕食後も人々はさっさと自分の部屋へこもってしまいます。その人たちはあしたの朝になるとまた思い思いの方角へ散っていってしまうのです。けれど偶然、一夜の宿を共にしたのです。せめて食後のひとときを希望者だけでいいから集まって、ロビーの隅に小さな輪をつくり、くつろいで話し合えないものだろうか……と私はいつも思うのです。雑談でいいのです。「どこから来てあしたはどこへ行くつもり」から始まって、気楽な話し合いのひとときが持てたらなあ――といつも思います。いままで全然知らない同士だった人間がことばを仲立ちにして互いに知り合うことで自分の人生が少しでもゆたかになる。そんなよろこびを生み出し分かち合う。「旅」という日常の世界にはそういったたのしさも内在しているように思えるのですが……。

幸いにして私たちは北海道から沖縄までどこへ行っても通じる日本語を持っています。またその地方独特の地域語（方言）にしても、それは外国語とはちがって、そのひびきによっておおよそは何となくわかるものです。こんな便利なことばを使ってたのしむという風習のほとんどないことは何とももったいないことです。北海道行きの「日本海フェリー」は敦賀~小樽間を30時間かかって走ります。夜の11時半に出航してあくる朝、もう大分走ったか……と甲板に出てみると、まだ佐渡島の沖という始末です。だから時間はたっぷりあります。船には豪華なサロンもあって、先に言った「話し合い」の集会などやろうと思えばいつでもやれそうです。けれどフェリーに何度乗っても「カラオケ」大会は騒々しく行なわれることがありましたが、「話し合い」の会の持たれたことはついに一度もありませんでした。

このようなことを考えるにつけ、私は子どもたちに「話し合うことのたのしさ」をまずしっかり体験させてやりたいと思うようになりました。もちろん「話し合う」ということは生活技術の基本のひとつですから、どのようにしてそれを身につけるかという方法を知ることも必要です。だがそれ以前に国語科「よみかた」の授業の中で、まず「人と話し合うことのたのしさ」をしっかり味わわせてやりたいのです。

「たのしい」という日本語はずいぶん昔から使われていたのだろうと思われます。そして今もさかんに使われているごく平凡な形容詞のひとつです。けれど考えてみると「たのしい」ということばの中身はじつに深く広いもののようです。その「たのしさ」の持ついろいろな働きの中でも、それが私たちの行動を積極的に推進する原動力になるということ——たのしいから止められない、たのしいからもっとやりたい、やりたくなる、というそのことを私は何よりも高く評価したいのです。だから「話し合いのたのしさをもとめて」、これを目標に新しく第一歩から歩き始めたらどうだろうか——と提案しようと思うのです。

●話し合うためのてだて

さて、歩き出すといってもべつにこと新しく……というわけではありません。今まで述べたような視点から、もう一度授業の中の「話し合い」という作業を眺めなおしてみようと思うのです。

その第一は話し合いの「場」の設定ということです。話しやすく聞きやすい場を用意することがまず考えられねばなりません。もうずいぶんむかしのことになりますが、一時、教室の子どもたちの座席を、その時間の学習内容に応じて、いろいろな形に並べ変えることが研究対象となったことがありました。考えてみればこれはもっともなことです。ふつう教室の机というのはみな一様に正面を向いて並べられていますが、あれは一方的な講演・講義に適した形で、ひたすら先生の教えをウケタマワル（承る）というところから生まれてきたものでしょう。けれど授業ではあるひとつの課題にみんなのチエを出しあって考えてみようという時もあるはずです。そんな時には全員正面を向いているよりは、お互い向きあったグループの座り方の方がずっと便利でしょう。また提示された問題についてのフリートーキングといった時には、全員座談形式に机を並べ変えて、発言者の顔がよく見えるようにするという配慮が必要でしょう。顔の表情や何でもないちょっとした身体や手の動きが、話し手のことばの意味を補って、その表情をずいぶん助けてくれていることがよくあります。また、ふと声のとだえたとき、その沈黙のさし出している意味……などといったデリケートな表現は、話している人の姿をみつめていなければ感じとれるものではありません。だから日常私たちはいま話している人の真意をつかみとろうとする時には、伸び上がってその人の顔（姿）を見ようとするのです。

このように話し合いの「場」の設定はやはり大切なことです。これの研究はもっとあってよいと思います。それがどうしてパタリとやらなくなってしまったのか。いまはどこの学校を訪ねてもほとんど全部といっていいくらい子どもたちの机は毎時間正面を向いたままです。

この六月、私は3年生に「よみかた」の授業をさせてもらう機会がありました。教材は「詩」でしたが、その詩を書かせ、読ませ、単語を手がかりにことがらのたしかめをすませたあと、私は子どもたちに、机をはなれて椅子を持ち、教室の前の方に集まるよう指示しました。そして自由に半円型にすわらせたあと、黒板の詩をもう一度よませて、「さあ、この詩をよんでどんなことを思いましたか」と呼びかけてみたのでした。そして授業のあと担任の先生におねがいして、〈このように前へ集まって机なしで話し合う授業はどうであったか〉をザラ紙四分の一に書いてもらったのです。その結果〈この形の方が話しやすく聞きやすかった〉というのが80％以上を占めました。授業者の私自身もまた子どもたちと同じで私の予想はピタリと適中したのでした。

前に集めると30人ほどの子どもは、すっぽりこちらの視野の中へはいってしまいます。だからひとりでにこちらも声をはり上げずにすみますから、やや低い調子でおだやかに話せます。すると何も言わなくても子どももキンキン声は出しません。このあたりが「対話の妙」とでもいうのでしょうか。だからなんとなく落ちついた雰囲気が生まれてくるようです。こんなちょっとしたところにも研究の余地はありそうです。ですから授業内容によって「話し合い」の場の形もいろいろに変わってよい――いや、変わるべきだといった方がよいのかもしれません。「たのしい話し合いをもとめて」のスタートはこのあたりから始める必要がありそうです。

さて、その次は話すときの形（姿勢）についてであります。ふつう昔から〈先生に指されたらハイと答えて起立し、椅子を机の下にきちんと収めてから直立の姿勢で話す。話し終えれば再び椅子を引き出して着席する〉という形が学校の教室というところでは定着してしまったようです。だから未だに1年生の担任には「話すこと」の基本的なしつけとしてこの形を重んじている人が多いように思えます。これが徹底して行なわれると、5、6年生の上級生になっても依然としてこの形でしか話せないぎこちなさが身についてしまいそうです。

私は今も芦田先生の「教育は内から」という原則に忠実でありたいとねがう者です。だから「聞きたい・話したい」という子どもたちの内から発するものを何よりも大切にしたいと考えます。したがって先に述べたようなひとつの鋳型の中へ子どもをはめこんで、こちらの意図する成果を上げようとする考えにはどうしても従えません。椅子にすわったままで気楽におしゃべりするときがあってもいいではありませんか。だがクラスのみんなに訴えたいときにはその場に立ち上がって、「みんなちょっと聞いて！」と大声で呼びかける方が効果的です。さらに自分の席をはなれて教室の前へ出て意見を述べるときがあってもいいでしょう。また、きちんと挙手して発言を求める時もあれば、一切挙手なしでのフリートーキングというのもあってよい。要はそのときそのときの授業の中身によって、「話し合い」の形はいろいろに変化するということを、「こんな時はこういう形で」と先生が具体的に示してやればよいのです。机の並べ方ひとつについてもいろいろあってよいように、話し合うときの「かたち」もまた多様であることをわからせてやることだと思います。

さらにいまひとつ、「話し合いの基本的な手だて」として、話し合いの際の「ことば」の問題があります。現在私たちの生活の中でふつう「話しことば」と「書きことば」とはやはりちがいます。もっとも、昔に比べれば明治はじめの言文一致運動以来、両者はずいぶん近づきました。特に最近では若い人たちを中心にしてその接近ぶりは一段と際立ってきたようにも思えます。だがそれでも両者一致までには至らないようです。いや、もともと「話しことば」と「書きことば」はその性格からいって一致しがたいものであるのかもしれません。ですから、いま、授業の「話し合い」の場で使われることばは、はっきり「話しことば」で……と私は主張したいのです。

さて、「話す力」を身につけるためにはまずどんどん話さなければ……と先生たちが考えるのは当然のことでしょう。それは文章をつづる力はつづることによってしか身につかない——というのと同じです。だから熱心な先生はとにかくしゃべらせよう、たくさん話をさせようとけんめいになります。その結果、はじめに述べたように45分の授業の中で子どもたちがどれくらいたくさん話すことができたか、それが授業評価のモノサシになったりします。とにかくみんなが黙りこんでいるような授業は駄目。先生が口をはさむすきもないくらい、次から次と発言者がつづいてほとんど全員が発言した。じつに子どもたちは生き生きと意欲的であり、発表力もしっかり身についている。すばらしい授業だった……というふうにです。

そういった授業の録音テープを聞かせてもらったことがあります。ほんとうに黙っている者はないというくらい子どもたちの発言はつづきました。そしてその発言内容もなかなか急所をついていて、よく「よみとり」ができていると思いました。けれどただひとつ残念なことに、たのしくないのです。子どもたちもたのしそうでないのです。なぜたのしくないのか、それは、「話し合う」ということができていないからだと思えました。「話し」てはいるのです。が、「合う」がないのです。私の聞いたのは「録音テープ」ですから子どもの映像はありません。しかし音だけでも教室にみなぎる気配というものは何となく感じられるものです。子どもたちはおそらく宿題で、いわゆる「書きこみ」（自分の自由なよみとりを教材の文章の行間に書きこむしごと）をやってきているのにちがいありません。ハイ、ハイと指名を求める声がひびきます。そして指されると立って話し始めるのですが、どうもそれは行間に書かれた自分の「よみとり」の文を読み下しているようなのです。話す口調にはなっていません。それはそうでしょう。「書きこみ」は「書きことば」で書いてあります。だからそれを見ての発表は「はなす」のではなくて「よむ」になってしまうのです。

ずっと以前になりますが、子どもたちに「話す力」をつけようとして、しゃべれない子にはまずノートに言いたいことを書かせて、それを見て話をさせたらどうだろうか、という質問を受けたことがあります。どうしても話せない子にはそれもひとつの方法でしょうね……と、その時は答えたように思うのですが、よく考えてみるとこれはまちがっているようです。自分の書いた文を見ての「話」は、発表にはなってもそこから「話し合い」は生まれ得ないようです。先の授業の録音でも次々と子どもたちは勢いこんで話すのですが、それは結局ひとりひとりの思いや意見の羅列でしかないようなのです。先に述べた者と次の者のことばのつながりもなければからみ合いもなく、また共感のどよめきもありません。そしてまだ指名してもらえぬ子はハイハイの連呼。当ててもらった子はもうこれで済んだと、そのあとの友だちのことばに耳を傾けていないのではなかろうか……と思ったりします。これでは「話し合い」の雰囲気など生まれようがありません。

話し合いという以上、話し手と聞き手があり、話し合われることの中身がその両者の間を往き来して、共感を呼んだり、反論のタネをまいたり、思いなおしの動機をみつけたりするのです。おたがいのことばが心に働きかけるおもしろさ、たのしさ、すばらしさ、それこそが話し合い学習のねらいでしょう。

とは言ってもこの学習のあるじである子どもは、生まれてからまだ6～12年しか経っていません。彼らのノーミソの中の日本語はまだまだ貧弱なはずです。だからこの「話し合い」学習に大きな期待をかけすぎることは禁物でしょう。だが、しかし同時に「たかが子どものいうことだ」と軽くあしらってしまうこともまたまちがいではないでしょうか。彼らは大人ほど豊富には持っていないその自分の日本語をフルに動員して、自分の理解したことをクラスの友だちに説こうとします。また文章を読んで身体の芯にズシンとこたえた感動を、自分の現在所有する日本語で何とか表現しようとけんめいに語ります。そしてそのとき大人より鋭いとされている彼らの感性は、ときに大人には求められない率直な、するどい表現の「語り」を示してくれることがあります。

次は1年生のみじかい作文です。

まるをもらいました。七つもらいました。かばんにいれんともってかえりました。いいおてんきでした。

この作品を私はこんなふうによみました。

もらいました、もらいました、のくりかえしに見えるよろこび。ランドセルに入れたらいいのに、ミンナミテ！と言いたいほどうれしくて、テストの紙を持ったまま、ひらひらさせながら歩いていく。得意気な顔、その後ろ姿が目に見えます。きょうはよい日、最高の日。よろこびいっぱい。「いいおてんきでした」……ほんと。お日さまもよかったねといってくれています。

これは作文ですから「書きことば」で書かれています。しかし小さな1年生ですから、一箇所だけ「かばんにいれんと」と共通語にはない表現をしています。「かばんにいれないで」と書かず、「いれんと」と生活の中の地域語（方言）そのままで書いたところに、この1年生の胸いっぱいのよろこびが表されているように思えます。

そうです。「話し合い」のことばはおのずから「書きことば」から「話しことば」に近づこうとするのです。それが自然なのです。もちろん国語学習は共通語としての日本語の教育ではあるのですが、「話し合うことのたのしさやよろこび」を味わうためには、大阪の子には大阪弁を使わせてもよいのではないか——いや、おおいに地域語を使っての「話し合い」を試みさせる、それがほんとの言語活動教育ではないのかといま私は考えているのです。だから「話し合い」の場では先生もまた子どもたちへの応対にえんりょなく地域語（方言）を使ってよい。それによってほんとうに話し合うことのたのしさが生み出されてくるだろうと思うのです。

●「ごんぎつね」を語り合う

「話し合い」の授業でいまだに私の中に深く刻み込まれているもののひとつに、いまはもう故人となられた大阪・高石、地下《じげ》末吉氏の「ごんぎつね」があります。地下さんは静かな人でした。授業はひとがらをうつします。地下さんのその4年生のクラスの授業も静かに落ちついて始められました。

「ごんぎつね」の最後の時間です。はじめ十人ほどの子どもたちがせいいっぱいのよみを聞かせてくれました。それが終わると地下さんは自分もすわったままで、二重の輪になった子どもたちをひとわたり見わたして、

「さ、このお話をよんで……どんなこと、思うた？」

と呼びかけました。……20秒、……30秒、おだやかな沈黙がつづきます。ハイ、ハイもなければ、「当てられないか……」の不安からくるいやな緊張もありません。なごやかです。地下先生の表情もじつになごやか。子どもたちの思いが徐々に、ひとりひとりのことばとして結晶してゆくの

を、ゆったりと待つ感じです。

授業の中の沈黙を私たち教師は妙に恐れる風があります。何かにせきたてられるように教師はしゃべりつづけようとし、同じことを子どもにも要求しがちです。だからこのように先生も子どももも黙したままで、ゆったり、時間だけが過ぎてゆくという光景を教室の中で見るというのはじつにめずらしいことなのです。

……やがて、ポツリと手が挙がりました。と、それにうながされたように3人～4人と挙手がつづきました。そして、A君が指されました。A君はしゅんと立ち上がると大きな声でいいました。

「ごんがかわいそう――」

とたんに、「うん」とか、「そうや」とかの同意同感の気配がちょっとしたざわめきとなっておこり、「ほんまや、ころされてしもて……」とつぶやくだれかの声もきこえました。地下先生はそんな声に、うん、うんとうなずいて、すわったままゆっくり、

「先生もそう思うなア……」

といいました。と、それにつづけて先生の横の女の子が、

「くりやまつたけを、あんなに持ってきてやったのに……」

とつぶやきました。何人かの子どもの「そう」といううなずき。

するとそのとき、「はいっ！」と大声でやんちゃらしい面構えのB君が手をあげました。そして、

「ごんはあわれやと思います」

と言いました。先にA君がもう「かわいそう」と言っているのですが、B君はどうしてもこの「あ

われ」という、自分たちのいまのくらしの中ではめったに使われないことばを使ってみたかったのにちがいありません。さらには、「あわれ」というやや古い言いまわしのことばの中にひそむ深い詠嘆のひびきを、B君は直観的につかんでいたのかもしれません。

そのとき、地下先生はそのB君に深くうなずきながら、

「ふ～む、あわれな話……B君はそれが心にのこったんやネ、……いいなアー」

といいました。「あわれとかわいそうとはいっしょだよ」というような心ない対し方はせずに、このやや古めかしい表現に目をとめて、みんなの思いをまとめるようなB君の発言をちゃんとみとめてやっているのです。B君はうれしそうな顔ですわりました。

そのとき、B君のうしろにいた長身のKさんという女の子がすらりと立ち上がりました。そして低いけれどよくとおる声で言ったのです。

「あのね、ごんはかわいそう、私もそう思うけれど。……ごんを殺してしもた兵十もかわいそうとちがう？……」

と、みんなに語りかけたのです。そのとたんにおもしろい現象がおこりました。「そう！」とKさんのことばに同意、私もそう思うといううなずきを見せた何人かの子と、「え？」と軽いおどろきでKさんをみつめなおした数人の子と。そして、そのあと、このKさんの「兵十もかわいそうとちがう？」のひとことにいざなわれるように、次々と子どもたちの「語り」がつづきました。

そして最後に小柄なS君が、スラスラとは出てこない自分のことばにいら立ちながらも、精いっぱいの表現で、この「ごんぎつね」の悲劇性を次のように語ってくれました。

「ごんと兵十は、ずうっと、こう、はなれてたやろ?」

S君は立ち上がって、両のてのひらを向かい合わせ、平行にしてみんなにたしかめました。うん――男の子たちがうなずきます。

「ほんで、ようよう、兵十にくりをぎょうさん持ってきてやって……ここで（最後の場面で）……わかった。ようよう、ごんの心がわかった（両の手のひらをひとつに合わせる）……けど、そのとき、ごんはもう死んでいく……（また、手のひらをはなして）せっかくわかり合えたのに……な、また、はなれていくんや、な！（そうやろ?）」

このジェスチャア入りのS君の語りはみんなをピタリとひきつけました。私もそのS君から目を離せませんでした。ことばは足りないのに、S君の言おうとしていることはビンビンひびくようにわかりました。たった数分間のみじかい話し合いでしたが、その効果はおしまいに、「オレ、よむ」といって、「六」の場面をひとりで読んでくれたS君の「よみぶり」に見事に示されておりました。

わずかな時間の中で展開した素朴な授業でしたが、私はここに「話し合うことのたのしさ」の典型を見ました。この瞬間に育つ子どもの姿を見た思いで、いまもその光景がわすれられません。

（一九九四年10月）

誰にでもできる作文指導

●はじめに

こんにちは、山本です。今日は作文の話をさせてもらうのですが、テーマを「誰にでもできる作文指導」というようにしぼってみました。「誰にでもできる作文指導」の前に注釈が入りまして、「やる気さえあれば」と、こう付け加えさせていただきたい。やる気がなければ問題になりませんので……。

「やる気があるけれども、小学5～6年生を担任してみましたらもう全然やれるような状態ではない。今まで、もうさっぱりやってくれない」――そういう状態・状況に直面しておられる方、あると思うんです。それから、そうではなくて、普通のクラスだけれど、「何をどうしたらよいのか」という方も頭に描きながら、お話を進めていきたいと思うんです。ですから、「やる気さえあれば誰でもできる授業」そして、5年生からでも、あるいは2学期からでもできる、そういうつもりで、お話をします。

で、どうしても質問の時間を30分はとりたいので、大変不親切な話になると思うんです。これは、まぁ時間のせいもあるんですけれども、あえて不親切に話をしようと思うんです。そうすると聞いていらっしゃって、ホイホイと話がとんでいくものですから、必ず「おかしいな」とか「えっ、そんなことどうやるの？」とか疑問がおこるだろうと。それを、あと30分の質問の時間になるべく間をあけずに、どんどん質問をしていただきたい。それによって、ボクの不親切な話の間をうめていきたいと、そういうプランでやってまいります。で、大きく5つの項目に分かれていますので、大体1つを平均10分ぐらいですまそうと思いますが。

1．自分をしばれ

これはなんのことかといいますと、具体的に言いましたら、「時間割に〈作文〉と書きこむ」ということです。「国語」とはしない。作文は国語の一分野ですから、「作文」と書いておいても誰も文句は言わないはずです。自分をしばるために、はっきり「作文」と書いて時間割を発表してもらいたい。こういうふうにしますと、「あしたは作文があるな。何も考えてへんわ。やめて読み方の方をやろうか」と思っても、子どもの方は「先生、今日は作文よ」「作文じゃないか！」というんですね。このようにしばられますから、作文をやらざるをえない。だからまず、自分を束縛することからスタートしたいと思うんです。自分をしばると、そこから自由が開けてくるというふうに思うんです。他からしばられますと、闘って自由を獲得しなければなりませんけど、と自分で自分をしばるのですから、主体的であるわけです。主体性は自分にありますから、自分をしばることが自由につながる、と、ボクはそう思います。

時間割に「作文」と書きますと、まあ、一種の決意表明になりますね。少なくとも、月に4時間は作文をやらなければならない。これが「1」の「自分をしばれ」という中身です。

2. たくさん書かせない

作文をたくさん書かせて、作品が次々とたくさんたまってくるもんだから、それを見ているとだんだんいやになってくるんですね。非常に良心的な教師の場合ほど、いやになって来るんですね。「ああ、読まんとならん」と思うわけです。読まなければならないけど、まだ読んでいない。どうすることもできないから、もう一回書かせておこうか、書け！　と。そうすると、2倍になります。ひと月たつと、もう山づみになるわけです。こうなったら読めません。こういう悲劇的なことにならないように、「1ヵ月に作品1つ」、これで十分なんです。これで、ボクたちの仲間が実践してくれています。

1ヵ月に1作でよい。というより、本当を申しますと、1ヵ月1作しか書けないはずなんです。1ヵ月に2回も3回も書かせているのはおかしいのです。これはあとでだんだんわかってきますけど。

4月はごたごたしているから書かせない。5、6、7月でしょ。8月は休みで、9、10、11、12月。それから、1、2、3月とちょうど10編ですね。10編の作品が1年間でできあがると、それで十分だと思うんです。

書くのは高学年ですと2時間連続ですね。3年生以上は1時間ではどうしても無理です。書いたら今度はこれを「読む」「話し合う」という時間があります。そして、その次に書くために読んだり話したりする時間が1時間。そしてまた書く。非常に簡単なんです。この繰り返しです。非常に単純でなにも難しいことはないと思います。

たとえば、1ヵ月単位に考えてみますと、「書く前の指導」（書く前に読んだり話したりする時間）が1時間。それから「書く」が2時間。それから、「書いた後の指導」が1時間。そうするとちょうどこれで4時間でしょ。これで1ヵ月です。だから、1作しか書けないんですよ。こういう意味で、1ヵ月に1作と申し上げたわけです。

そこで、ねらいですが、非常に単純化して言います。

・「書く前の指導」のねらい――書きたい気持ちを高める。この一言です。学習意欲といいますか、書きたいなあという意欲を盛り上げていって、「ウン、先生、オレ、この題で書くよ」という気持ちが高まってくればいいわけです。

・「書いた後の指導」のねらい――「ああ、書いて良かったな」と子どもたちが感じてくれればいいわけです。満足感、充足感といいますか、「ああ、よかった」と子どもたちが思ってくれればいいわけです。

作文指導というものは、最も何をねらいとするかというと、大変おおざっぱですが「書くことの楽しさ」「文章を書くということは、なんと楽しいことなんだろう」と、これが子どもの身に少しでもついてくれたら、それでいいんじゃないか。……非常に欲がないでしょ。

だから、1、2、3、4年生とだんだんいって、6年生を出るときに「ああ、文章を書くということはすばらしいことなんだな」という思いをちゃんと身につけてくれたら、それでもういいと、こんなふうに考えております。

3．待つ

1ヵ月単位の単純な繰り返しなんですが、ただ一つ、問題がございます。というのは何かと申しますと、学年始めの4月です。いきなり書くわけにはいかないですね。「書く前の指導」はどうなるのかと。

担任がかわります。新しい子どもを持ってみた。作文が好きな子、嫌いな子、手を挙げさせてみましたら、まあ、だいたい嫌いな子が多いですね。「なぜや？」というたら、「書くことないわ」「しんどいわ」という答えがきっと返ってくると思うんです。そういう状態にあるとしますと、いきなり書かせられません。新しく持った場合は、作文嫌いが半分以上だと思っていいでしょう。前の学年の先生が大変熱心で、そういうことをやっておられたら別ですけど、やはり、今のところ少ないと思います。

そういうときはどうするかといいますと、特別扱いですが、うんと読み聞かせる。特におもしろい作品、「ハハハ」と笑い出すような作品を、うんと読み聞かせる、ということをボクたちの仲間ではやっています。あわてて書かせない。ずいぶん辛抱の人がいまして、4月書かせない、5月にも書かせなかった、6月に初めて書かせたという人がおりました。それでもいいんですね。

一番いかんのは、「さあ、6年生になったね、最高学年だ、〈6年生になって〉という題で作文を書け。どういう気持ちでいるか、書け！」なんてね。これ、一番悪いですね。そういうスタートを切ったら、もう失敗です。まずは待つこと。

おもしろい作文というのは色々ありますが、そういうのを手に入れて子どもに読んでやりたいと思うんです。その例をひとつ読んでみます。実は、これ、私たちの仲間からもらった作品ですけども、聞いてください。

「巨人　阪神」　　　５年生

私たちは、この間の木曜日ごろから、前山さんと山形さん、奥君たちと、みんなに「巨人と阪神、どっち好き?」と聞いてまわっています。私と前山さんは巨人。山形君と奥君は阪神です。みんなに聞いて、表に書いています。先生に聞いたら、青山先生は阪神だったので、山形君は「ワァ」と言いました。生徒だったら1点。先生だったら3点入れます。山形君は、「早く3点入れろよ」とうれしそうに言うので、私はイヤイヤ入れました。私たちの授業を見にきていた入江先生に聞くと、「巨人」といいました。私たちは、巨人と言ってくれた人には「いいなあ。いいなあ」と言って、阪神の人には「いやんなあ」と、ケチをつけます。

山形君が私たちに、「なんで巨人好きよ」と聞くので私たちは、「阪神、なんで好きよ」と聞くと、「チームがいいからや」と言います。こんなことから口ゲンカになります。すぐに山形君は、「巨人のびんぼうめ、球場もないくせに」と言うと、奥くんも、「巨人やて、はじめだけやかえ」と言うので、私たちも負けないで「阪神やて、太いのばっかりやんか。田淵なんか太すぎて夏になったらあかんわい」と言うと、「やせてるより、ましやわい」と言うので、私たちは、「スマートでいいやんか」と言います。

家でも、私と父は敵どおし。私は大の巨人ファン。父は大の巨人ぎらい。新聞やテレビを見ていて、巨人が勝ってると、すぐテレビをけすので私はあわててつけます。

友だちの長田さんは、おかしな阪神ファンです。私が「田淵、好きやから?」と聞くと、「田淵てだれ?」と聞くのです。それで、私が「なんで、阪神好きよ」と聞くと、「パパと同じやから」と言います。

習字の先生のおむこさんも阪神ファンで、田淵がケガしたときなんか、薬を送ったそうです。私は、あんなブタに送ってももったいないと思った。

私は、もし巨人がベッタであろうと、巨人の応えんしていく。死んでも阪神は応えんしない。ガンバレ、巨人。


もう、子どもはワクワクして書いているんですね。こういうのをこの時期に読んでやるわけです。まず子どもたちが、「あ、あんなこと書いてもいいんか。おもしろいなあ。そんなこと書いてもいいんだったら、ボクもいくらでもあるよ」というふうな気持ちにさせることが、何よりもまず必要ではないかと、そう思うわけなんです。

もうひとつ、こんなのもあります。これも5年生で、女の子です。

「しつこいセールスマン」　　5年生

きのう学校から帰ってきて、みかんを食べながらマンガの本を見ていたら、いつのまにか洗剤のセールスマンがきていました。お母さんが、「うちとこ、まだ洗剤あるから」と、何度言ってもあきらめません。私はしつこいなあと思って、そこへ行きました。私が行ったら、その人は「12歳？　11歳？」と聞いたので、私は11歳の時にうなずきました。今度は「6年生？　中学1年？　5年？」と聞いたので、私は5年のときに「うん」と言いました。その人は「大きいねぇ」と言いました。私は、大きくて悪いようだと思いました。でも、その人はしつこく「奥さんとこだけ、いつも断られる。なんでやろ。そやけど、今日はこうてくれな、こまるからな」と言いました。私はその時、「私の家は、お金困ってるから買われへん」とウソを言ったら、その人は、「ようしこんでるなぁ」と言いました。私は、「もうセールスマンやめたらいいのに。どっか紹介したるから」と言ったらその人は、「そんなん、いややわ」と言いました。

その時、リリンと電話がなったので出てみると、ナガレヤさんでした。ナガレヤさんは、「今日、いっしょにソロバン行けるんやろ」。私は「うん」と言って、バイバイと電話を切りました。そのセールスマンはまだねばっていました。とうとうお母さんは買ってしまいました。私は小さい声で、「お母さん死んで、私が奥さんになったら、絶対こうたれへんから」と言いました。その人は「エッ？」と言いました。私は、「何でもない」と言いました。そして、「このこと、作文に書く」と言いました。そしたら、セールスマンは、「ボク主人公にしてや。名前はカタクラ」と言いました。

その人が帰ってから、私はお母さんに「ちょっと洗剤分けて。トイレのそうじに使うから」

と言って、分けてもらいました。

こういう作文を手に入れて、子どもたちに次々読んで聞かしてやったらいいと思うんです。手に入れてと言っても、「こんなもん、あれへんね」と言われると思います。実は、私は昔の子どもたちや仲間から研究会のたびにいただいたものの中から、こういう作品集を作ったんです。今日、これをバッと渡したら一番いいんですね。ところが、残念ながら品切れになりまして、なくなってしまったので、よう持ってきませんでした。

でも、その気になっておれば手に入るもんです。妙なもので、何か自分が問題意識を持ってその気になっておると、どっかから手に入るもんですよ。それをちゃんとストックしておいて、こういう時に使ったらいいんじゃないかと思います。これを読み聞かせていますと、子どもら「あっ、そんなんやったら書けるわ」と言うんです。だんだん、だんだん書きたいわぁというのが増えてきますが、「よし！」と言わない。そうすると、中には家で勝手に書いて、「先生、書いた！」と、持ってくる子があります。そういう状況で「書きたい。書けるよ」と時機をみはからって、「じゃあ、書いてみようか」ともっていくわけです。だから、学年はじめには、そういう配慮がいるんではないかと思います。

それから、書けましたら、できるだけ全員のものを読んでやりたい。ひとり残らずというわけにはいきません。あと1時間しかないのですから、時間が足りませんね。だから、「作文」以外の時間を作って、読みきかせというものをやっていただきたいと思うんです。「そんな時間があするか!」と言うと、幸いなことに「道徳」の時間がございますし、朝の時間や帰りの時間を利用することもできます。

4. 作文をおもしろく読む

次に、子どもの作文を二つのせてあります。それを読みます。一つは短い作文で「うさぎのこと」――これは、三重県員弁郡の小学校6年生、渡辺君です。それからあとの「連合運動会」というというのは伊丹君で、堺の小学校6年生です。だいぶ時期が違いまして、渡辺君は現在6年生で、伊丹君は現在高校生ですね、記録見ましたら5年前の作文です。だから、時期的にかなり違いますが、どちらも6年生です。〔子どもたちの名前は仮名です〕

「うさぎのこと」

前、1月1日におチョボさん〔お稲荷さん〕へまいりに行ったら、うさぎを売っている店があったので、一匹買っていきたいなあと思うとったらこうてくれたので、しっかりうれしかった。〔三重県の方言ですね。「大変」を「しっかり」というんですね〕

名前をチロにした。家にかえってからいれ物のふたをあけたらなかなかでてこないんだ。また、5日ぐらいたっていれ物から出したら、こんどはかってにコタツの中に入っていくようになった。よくうしろ足だけで立っているときもある。

チロはまんだ生きている。一年中生きとってほしい。

これが渡辺君の作文なんです。それから、次が伊丹君の作文です。

「連合運動会」

ぼくは、連合運動会のリレーの時ほどくやしかったことはない。今までお父さんにおこられてくやしかったときもあったけど、このときのくやしさとはまったくちがう。ぼくは今でもくやしい。みんなにあれだけ応えんしてもらったのに、ゴールインしたときは、ほんとうにみんなにもうしわけなかった。〔これは、リレーのアンカーなんです。そのことを書いてあるんです〕

はじめの吉川はよかった。次の長谷川もよかった。でも、ちょっとずつ差が縮まってきた。今度3人目、チンはよく走ったけど、他の学校には速いやつがいっぱいいて、だんだん差がつまってきた。チンがボクにバトンタッチした。スタートしたときは、ダイセン西のでっかいやつが速かった。ぼくは2番手だ。走ったら、ドロで足がすべった。また、すべった。そこで、ヤスイのでっかいやつにぬかれた。これでは吉川らにはもうしわけない。ぼくは、ダイセン西のやつをぬく気で走った。でも、コースは直線。そうかんたんにぬけるわけがない。それでもがんばった。

しかし、ゴールインは3着だった。ガクッと力がぬけてどうしようもない気持ちになった。それで、なんとかモハメド・アリがつらいときにふざけてそれをかくそうとするみたいになるべく元気よくしていたつもりだったけれど、やっぱり心の中はつらかった。写真をとったときも女の子らにどんぐりをあてたときも、それから電車に乗っているときもずっとその気持ちだけだった。
学校について、吉川に「絶対に中学校の運動会では1等もらう」と言った。「だめだったら、運動場逆立ち一周する」と言った。
家に帰って、ふろにつかって、ごはん食べて、ションベンして、宿題忘れてねた。

最後の方まで、残念さがにじみでています。

この2つの作文、同じ6年生です。みなさんが、もしコンクールの審査員だったらどちらをとりますか。おそらく、後の方をとられると思うんです。「連合運動会」の方ね、ボクもそうします。コンクールの出品作品だったらね。それは、文章表現術というものを主として見るからです。そう見るしかないもんね。どれぐらいうまく書けているか、そういう観点にたつと明らかに伊丹君は渡辺君より上です。渡辺君は表現がおさないですね。けれど、学級担任として見る場合はどうだろうか、と、そこのところを考えていただきたいと思うんです。

実は、渡辺君の学校はずいぶん田舎の学校です。先生が持ってきた作品を発表してくれました。渡辺君というのは、聞いてみましたら、身体の発達が非常に遅れている子なんだそうです。背も低くて、目方も軽くて、まだ乳歯がだいぶん残っているんですって。弟よりも小さく見える。兄弟並んだら、弟の方が兄貴に見える。授業中も集中しないでポカーンとよそ見していることがしばしばやというんですね。大体、想像できますね。だから、勉強の成績も決してよくない、大変、影のうすい存在なんですね。先生もいつもこの子のことが気になるんですよ。職員室でもよく話題になるんです。ありゃ、何考えとんねやろうとね。

その渡辺君の作品を読んで、担任のサトウユウジ〔仮名〕という男の先生、まだ若いその先生がどう書いておられるかというと、「この渡辺君がこんな作品を書いてくれた」と書いているんですね。これが学級担任なんですね。「書いた」と書かないで、「書いてくれた」と書いている。表現の技術でいえば、明らかに伊丹君の方がすぐれています。けれど、学級担任が読んだ場合は、例えば、伊丹君と渡辺君が自分のクラスだった場合には、どちらも同じように、ボクは評価するんじゃないかと思います。特に、渡辺君の方は、今まで何を考えているのか、担任にもわからんような子どもが、このうさぎの様子をこんなにきちんと見つめて、表現は幼稚だけれども、精一杯書いてくれていると、そう思ってもう1回これを見直してみたら、伊丹君は伊丹君でいいところがある。けれど、渡辺君を直接知らんボクらでも、渡辺君のも質的には同じだと。今まで渡辺君は何を考えているのかわからないし、なかなか書いてもくれなかったけども、初めて自分の思いをピシッと原稿用紙に書いてくれている、そういう見方が学級担任としての見方ではないかと、ボクはそんなふうに思うんです。

まとめましたら、子どもの作品を読む時にどういう気持ちで読むかと、表現技術ということを表面にすえて読むと、コンクールの時の入選作品を選《よ》るときの読み方になるんです。それではダメなんですね。おもしろくならない。ガッカリするばっかりです。「オレ、はりきってんのに何これ。つまらんことばっかり書きやがって」という気持ちで読みますとおもしろくないんです。そうじゃなしに、このサトウユウジさんという先生が渡辺君の作品を読んでくれたような気持ちで、「子どもの顔を思いうかべながら読む」ということです。渡辺君の作品を読むときに、「あっ、渡辺君やな」と、まず顔をうかべて、そして、読みながら子どものくらしぶりを確かめていく。

具体的に言いましたら、書いてあることに相づちを打ちながら、「うん、なるほど。そうかぁ、わかったわかった。むりもないなあ」「いいぞ、その調子だ」と、胸の中でつぶやきながら読んでやれということです。そして、何か大変なことがあったら、「えっ、そんなことあったのか。困ったねえ」「おまえはそんなこと考えておったんかあ、先生知らなかったなあ」という子どものくらしそのものを見つめ直してやるという気持ちで読んでやるということなんです。

これは、文章が上手とか下手という観点、それ以前のものです。それが子どもの作品をおもしろく読めるかどうかの急所ではないか。したがって、そういう読み方をしていますと、子どもが書いてある以上に広げて、あるいは深めて読んでやることができるようになる。冷たい読みではないんですね。ですから、渡辺君の作文にしても、いろいろ渡辺君の姿・形を想像しながら広めたり深めたりしながら読んでやると、それが、作品に対する教師の読みの姿勢なんです。これが非常に大事じゃないかと思います。

例えば2、3例をあげて見ますと、これは確か野名〔竜二〕君のクラスからもらったものなのですが、6年生の「便所そうじ」という作品です。

「便所そうじ」

前の前の便所そうじの時だったと思う。シモクボ君とぼくとで便所のそうじをしていた。シモクボ君は先に終わって、便所の中へ入っていった。ぼくは端の方に残った砂をはいていると、4年の女の子が2人、肩をくんで歩いてきた。ぼくの前を通る時、「あっ、便所そうじの子や。きたなぁ」と、バカにしたように言った。ぼくは、「わりんか」と言ったら、「私やったら、あんな長ぐつはいてようやらんわ」と、続けて言った。ぼくはもう一度「わりんか」と言ってやった。女の子は、また「ふけつ、ふけつ、はよ行こ」と言って、運動場の方へ走っていった。走っていくのを見ていて、ぼくは、思いっきり「アホッ!」と言ってやりたかった。

〔こういう所を読む時、教師が生き生きとこの子の姿を描いて、「あっ、そうだろうな。腹立っただろうな。先生でも腹立つわ」と思いながら読んでやるということなんですね〕

あと少しというところで、今度は、2年の男の子と女の子が手をつないでやってきた。ぼくはふくれていたので、2年の子のことはわからなかった。後から、2年の子が「がんばってね」と、うれしそうに言ってくれた。ぼくは、その子らに「よっしゃ」と言ってやろうと思ったけど、「よ」まで出て、なぜか何も言わなかった。おこったような顔をしていたけれど、この子らの言ってくれた言葉で、また顔はいつもの顔にかわった。その2年の子がぼくの前を通った時、「あの子ら、きたない便所きれいにしてくれるんやで」としゃべっていた。ぼくは、思わず、「ありがとう」と言ってしまった。2年生の子らはきょとんとしていた。便所そうじであんなに言ってもらったのは初めてだった。

〔初めての体験なんですよ。それがこの作品を書かしたんですね〕

あとで、４年の子よりも２年の子の方がえらいなあと思った。

〔そのあとです。えらいこと書いているんですよ〕

ぼくは２年生の子がいいと思ったけども、みんなは２年の子のように考えているか、４年の子のように考えているか、どっちだろう。ぼくも時々、４年の子のような気持ちになる。

ここが６年の値打ちですね。「バカヤローッ」と腹を立てた４年生に、よう考えたら、オレもあんな気持ちになるわと自分を見つめなおしているところね。こういう所を、ふっと深め、広めて読んでやると、その教師の読みがこの話し合いの時に出てくるわけですね。子どもの中で誰か気がついてくれたらそれを話題にしますし、なければ、「先生にも一言いわして」と、そういうことになるんじゃないかという気がします。

それから、次は５年生の作品ですが、何でもない平凡な詩です。

「結婚」

お父さんお母さんは　愛している
だから　結婚したんだ
どこで　めぐりあったのだろうか
お母さんが　結婚して　といったんだろうか
それとも　お父さんからだろうか

お父さんとお母さんが　結婚しなかったら
私は　生まれてなかったんだ
お父さん　お母さん　結婚してくれてありがとう

これ読んで、「何やませたこと言うとんなあ」と、これではだめなんですね。もう一遍読んで考えてほしいと思うんです。

ボクなんか、これ読んで、この子知りませんけども、この子うまいこと育てられてますね。性教育がちゃんとできあがってるように思うんです。といいますのは、私ら年寄りの世代では（これ、ボクのことやないんですよ）子どもが夕食の時なんかに、

「お父ちゃん、お母ちゃん、なんで結婚したん？」

と聞くことがあります。子どもは、まじめに聞いているんですよ。冷やかしでも何でもない。

ところが、それを聞いて答えようとしているお父ちゃん、お母ちゃんの方がふざけてしまうわけですね。てれてね。お父さんが
「そんなもん、売れ残りで、お父ちゃん拾てやったんやわ」

と言いますね。すると、売り言葉に買い言葉でお母ちゃんも
「何言うてんの。ピーピー泣いてたから、いってやったんよ」

と、二人笑いながら言うてるんです。子どもの方はまともに聞いてるのに、まともに答えてくれないんですね。日本の昔からの風習ですがね。すると、子どもは不満でしょ。「なんや。ボクは、

ほんとにお父ちゃん、お母ちゃん何で結婚したか聞きたいのに……」とね。

ところが、この「結婚」の家のお父ちゃん、お母ちゃんは違うと思うんです。きっと、「それはねえ、お父ちゃんいい人やったから、好きやったんよ」と言うて、まともに聞いたことにまともに答えてやる――そこから生まれてきたんですよ、これは。ボクはそういう風に読みますね。そうでないかも知れないけども、おそらくそうだろうなぁという思いがしてくるから、それが深く読んでやるということなんですね。そのことが、あとの話し合いの中へ必ず出てくるんですよ。教師のそういう思いが、気持ちがね。こういうことがあって、初めて作品がおもしろく読めるということです。

これは、ある学校へ授業しに行った時に、授業すんでから、担任の先生が、４年生の女の子がこんなん書きましたと送ってくれた詩です。お母さんの悪口書いているんです。

「うるさいお母さん」

お母さんは　いつもうるさい
顔を見ると
「宿題終わった?」
「時間合わせたの?」
おふろに入ってからも
「体よく洗って、ようくぬくもってね」

「背中もよくふくんだよ」

「早くパジャマ着ないと、カゼひくわよ」

テレビ見ていると
「メガネかけてる?」

「もっと後ろにさがって見なさい」

「いつまで見てるつもり?」

ああ頭がいたくなる

という詩を送ってくれたんです。まあ、この子実感こめてお母ちゃんを批判してるんですね。それから、ちょっとその後、6年生の男の子の「三つの声」という詩を誰かにもらったんです。ちょうど、今の詩といい対照になるんですがね。

「三つの声」
テレビを見ていたら
「テレビばかり見ないで、勉強しろ」
と心の声
「まぁいいじゃないか、あと30分ぐらい」
心の中の2つの声の対立

「そろそろ勉強しなさい」
母の声
2対1で　ゆうわくは破れた
ボクはゆっくり立ちあがった

これなんか読むと、子どもはわかっているんですよね。6年生になると、言われなくてもちゃんと2つの声の対立があるということを見てるんですよ、自分でね。ずいぶん深い所まで考えている、おもしろい詩ではないかと思います。こういう読み方をしてやったら、子どもの作文というものが次々とおもしろく読めるんではないかと、そんなふうに思います。

5. これだけしか、これだけは

「これだけしか」というのは、子どもの作文を手に持って読んだとき「なんだ、これだけしか書けないのか」と感じるか、あるいは「ここまで書けるのか」と思うか、その違いは非常に大きいという意味です。

「なんだ、これだけしか書けないのか」というのは、否定的に子どもを見ているわけですね。子どもの現実を非常に否定的に見る、ここからは何も生まれてこないと思うんです。どうも、教師根性というものは、それがつきまといますね。意識していないんだけれども、気がついてみたらいくつか否定的に子どもを見ておった、「これだけしか……」と。

　ところが、あとの方の「これだけは書けるんだな」というのは子どもの現状をそのまま肯定的に見つめているわけでしょ。どちらも同じところに立っているわけなんだけど、見方が全く反対ですね。
　ですから、結論から先にいいますと「これだけしか」では子どもは育たないと思うんです。「ここまでは書ける」と肯定的に認めてやることからスタートするところに初めて、子どもが育っていくことができるんだと思います。

　私は、現在、非常に大まかではありますが、作文（文章表現）について次のように考えています。

①何を書いてもいい。書いて悪いことはない

　学校で先生が「何を書いてもいいよ」と言うと、1年生なんかは夫婦げんかのことなんか、「ゆうべ、お父ちゃんとお母ちゃんがけんかをした」と書いてくることがあるでしょ。それを先生が読んで返すと、お母ちゃんがビックリして、「あんた、書いていいことと悪いことがあるのよ」と子どもに言うかもしれない。子どもは「えっ、先生は何を書いてもいいっていわはったのに、お母ちゃんは書いていいことと悪いことがあるという。おかしいな。どっちがほんまやろ」と。そういう問題が起こるけれども、表現の自由ということで、〈何を書いても良い〉というのが①です。

②書く題材はどこにでもある

これは「日常性」ということなんです。よくお母ちゃんと話していると、「先生、休み中忙しくて、どこにも子どもを連れて行くことができませんでした。だから、うちの子どもは、作文をよう書かんでしょうなぁ」といいます。そういうお母ちゃんは、作文というのはどっかめずらしい所に連れていって、体験させて初めて書けるんだと思っていらっしゃるんです。子どももそういうふうに思う場合が多いんですね。「何も書くことがないわ、ボクどこへも行けへんもん」とね。そうじゃないんです。平々凡々とした日常生活のなかで、何か変わった事件が起きたら、確かに書けますよ。けど、そうは起こりませんね。

だからむしろ、題材というのは、「何でもない平々凡々に見える日常の中にあるんだよ」ということに気づく、気づかせる。これが、文章表現の基本の一つに入るんじゃないか、そうボクは思うんです。

③どんどん書く。気楽に書く

〈書くことを苦にしない、書く抵抗を取り除く〉という、それが3つ目です。この場合、気楽にというのは大事ですね。これがあったら書けるんですけど、なかなかそうはなれない。書き慣れるということ、これが③番目じゃないかと思うんです。

④書きたいことをはっきりしぼる

言い換えると「テーマ」。このことを書きたかったんだけど、ということをちゃんとしぼれるようになる。これが④番目。

⑤表現の工夫

よくわかってもらうために、いろいろ表現を工夫してみる。表現の工夫という中身は、「詳しく書く」「書き出しをどうするか」「会話を使ったら生き生きする」「説明と描写は違う」「事実と意見」――こういう事実があってボクはこう思う、私はこう思う――という書きわけですね。そういうことが表現の工夫ということになるでしょう。

これは、作文の時間に取り立ててボクたちはあまりやらない。どこでやるかというと、主として「読み方」の方で取り立てて指導します。「ああ、うまく書けているね。よく書けているだろう。ここのところをもう一回読んでみようか」というような「読み方」の指導をやって、それが作文の上に出てきたときには「ああ、読み方で習ったのをうまく使っているね」と、そういう指導をします。まあ、表現の工夫というのは、最後になっていいんじゃないかと思っています。〔「読み方」の授業については、山本正次『よみかた授業プラン集』仮説社、を参照してください〕

そこで①～⑤までを学年と考えたら、別にそういう意味ではないんですが、そう考えた場合は

1年＝何を書いてもいい。
2年＝書くことは日常の中にあるんだ。変わったところに行かなくてもいいんだ。
3年＝どんどん書けるようになる。
4年＝「これが一番書きたかった」と、テーマがはっきりしてくる。

5〜6年＝表現を工夫したい。

もし、「5年生を担任したけれども、まだまだここまで行っていなくて2年生の段階だ」というのなら、そこまで戻ればいいんです。がっかりしなくてもいいんです。だから、学年の目標という考え方は、あまり必要がないのかもしれません。

なお、教師が子どもの作品を読みますときに、もう一つ大事なことは、ちょっと大きめの模造紙を用意して、「題材一覧表」というものをつくった方がいいということです。

縦に子どもの名前をずっと書いていく。そして名前の横に、その子の書いた作文の題材を書いていくだけです。これを見ただけで「5月にはこういう題材だったなぁ」と学級全体の傾向がわかります。それから横見ますと、太郎君という子がいたら、太郎君は5月にはこういう題材、7月にはこうだったなと、個人としての傾向を知ることができるわけです。これは何でもないことです。しかし、案外、作文を指導していく上で、学級全体の傾向とか、個人の書きぶりというものを一目でパッとつかむことができますから、大変有効ではないかと思います。

⑥作品を大切に

子どもに作品を大事にさせたい、その前に、教師の方が作品を大事にしないと、子どもも作品を大事にしません。彼らは、こっちの気づいていないことほどよく見ていますから。先生が自分たちの作品を大事に扱ってくれるから、子どもたちも「自分の作品を大事にしよう」と思うんです。

心がけだけではダメですから、具体的にいいますと、原稿用紙の題の下に○をして「読みました」という印を付けます。「ちゃんと読んだよ」と朱のペンでね。この場合ハンコは使いません。やや精神主義的に聞こえるかもしれませんが、ハンコで「トン」と押すのと同じじゃないかというけど、違うんですね。ハンコの方がきれいかもしれませんけど、先生がちゃんとこころをこめてやった方が、子どもにはいいようですね。これからどんどんコンピュータが学校の中にも入ってくるでしょうが、コンピュータと人間の違いを示してやらないといかんですね。

それから、「ここ、先生好き」というところに○をしてやるとか。これをやりますと、2年生くらいだと、○の数を数えるんですよ。

そして、短評。忙しいときはいらんと思います。けれど、ひとこと、一行か二行でいいんです。短評ですから。長くならん方が子どもは読みますね。長い方が書くのは楽ですよ。頭から出てくることをずらずら書けばいいんですから。手を動かすことさえしたらいいんですから。でも、短い評を書こうと思ったら、言葉を選ばなければなりません。一行で書こうと決めたら、どういうことを書いたら子どもにピンと来るかということを考えますからね。ですから、そういう風にしてやることが、作品を大事にしてやることの、具体的な行為ではないかと思います。

子どもの作品を読み合うときに、耳からだけじゃなしに、目からも入れようと思うと、昔だったらガリ版印刷して教材にしますね。その時、子どもが自分で書いたものをコピーしてやるのも意味があると思うんですが、先生が書き写してやることは、ずいぶんと時間はかかりますが、非常に意味があることです。指で読んでいるんです。すーっと読んだときには気づかなかったことがあります。これも、子どもの書いたものを大切にしてやることの一つの表れでしょう。ですから、効率を考えるとそんなものせんでええ、子どもの原稿をそのままパッとコピーにかけたらしまいです。一番早いですよ。でも、それをしないで教師が労働する。そこには、もういっぺん子どもの作品を深く読んでやるという仕事が潜んでいるのではないかと思うのです。

そして、誰にでもできることは、ファイルを1冊ずつ持たせて、書き上げた作品をとじていかせるんです。何でもないことですが、この時に「ピチッ」とやらないといかんです。「ファイルをこうてこい」といいますと忘れる子もあります。忘れるのは子どもの商売ですから、こちらで40冊こうてやる。「これ一冊ずつあげるから、今から名前を書きなさい」といって配りますね。作品を返したら「とじておきなさい」ではダメなんです。目の前でとじさせないといかんのです。たとえ5年生であろうと、「今返しますから、ファイルにとじなさい」と、ちゃんと点検して、きちっととじさせるのです。そしてとじたものは、もって帰らせない方がいいです。まぁ、「うちのお母ちゃん、読みたいと言っているから」という時には持って帰ってもいいけど、原則として学校においておく。本立てに、40人の名前の書いたファイルを置くんです。そして、「これは、いつ、誰が読んでも良いということにしよう」と約束しておきます。だんだん、作品がたまって行くでしょ。それを自由に読んでいいわけですから、子どもは自分のを読もうと思ったら読んだらいいし、この間話し合っておもしろかったからもう一回誰かのを読もうと思ったら取り出して読んでもいいわけです。自分が書いたのを読んでにやにや笑うのもありますし、評判になった作品には

「あれ、おもしろそう」なんて読んでいる場合があります。そうすると、必ず3月の終わりには、10編のまとまった個人文集ができるでしょう。ほっといてもできますね。

今もいてると思うんです、時々、放課後見て回ったら机の中にテストやら親への通知やら全部つっこんでいる子がね。そんなとき、ボクも若いころは腹が立ってね、なんぼいうてもあかんから、全部だして机の上にバーっとつんどったことがありました。見せしめのためですね。こんなこと、やるもんやないですよ。ボクもあとになって気がついたけれど、あくる日来て、自分の机の上へうず高く積まれているのを見て、子どもがどういう気持ちになるか。それを考えていないんですね。そんなひまがあるんなら、しわでもちゃんと伸ばして、きちんと入れといてやればいいんです。その方がずっとよろしいね。そんなことをしたらあいつの根性がなおらん！というのが教師根性でね。そう違いますかな。

作文をやろうと思ったら、教師の姿勢そのものが、作品を生み出す基盤になっているんです。ファイルにとじさせていくと、「せっかく一生懸命力を入れてやっているのに、返してやったのがバーっとつっこんでる」というふうな、がっかりした気分を味あわなくてすみます。それで、1年のうちには、ちゃんとした文集ができるんです。

ボクはいつも思うんですが、お互い忙しいですからね、作文だけやっているんじゃないんですし、全教科担任ですから、「オレは個人文集しかやらん」――これでいいでしょ。まだもうちょっとできそうだ、学級通信を出したいと思う人は、個人文集と学級通信を出したらいいんです。現在学級通信を出されている方がたくさんおられると思うんですが、親あての通信ですね、親をあまり意識しすぎの通信はマイナスです。そうじゃなくて、親は子どもを見て、先生を見るんです。だから、自分のクラスの子どもにあてて、通信を書けばいいんですよ。作文なんか載せられますね。「この作文、先生はこんなことを思ったよ」とか「誰それ君は、こんなこと言ったよ」とか、また、他の授業も取り上げて「大活躍したのは○○くんや」とか、子どもを対象に通信を出す。持って帰りますから、親も見るでしょう。

そういう通信がいいんじゃないか。ただ、となりの組が通信やっているから、私も出そうなんてつまらないですね。主体性がないんですから。隣が何をやっていようと、私の現在はこれしかできんからこれでいいと、デンと構えていりゃいいんです。

⑦1枚文集と記念文集

1枚文集というのは、子どもの作品の中で、話し合いのいい材料になるからと、3人なら3人の作品だけ印刷するんです。多くても2～3枚でしょ。すぐにできます。それを作文の時間に持ち込んで、読みながら子どもたちと話をする。子どもたち同士で話をする。それがすんだら、ちゃんと残しておくと、文集ができるでしょ。これもずいぶんたくさんの方がやっておられます。

まだまだできそうだというんだったら、学年の終わりに記念文集ですね。この時は、別に書かさなくてもいいですよ。今まで集まっている10編の中から、「ベスト1を自分で選べ」と、一番よかった作品を持ち寄ればいいんです。この時は、コピーをしたらいいんです。あるいは、子どもに書かしてもいいですが。

現在自分はどれに取り組めるか、どの辺までならやれそうか、ということを考えながらやればいいんじゃないかという気がします。こうすることで、卒業しても、これは5年生の時の文集、これは6年生の時の文集と、子どもが大事に作品をとっておいてくれるのではないかと、そんなふうに思います。

質疑応答

①4分の1にした更紙を教室に置いておき、短文を書かせているのですが、原稿用紙がよいのでしょうか？

――ボクも疑問を持ったことがありました。原稿用紙の使い方を、作文の時間に教えるでしょう？小説家になるんやったらいりますけど。なぜ原稿用紙の使い方を教えるのか、なぜ一字下げて始めるのか、丸（。）はひと箱ですよ、と。これは、活字を使う印刷所で便利だからやっているんでしょ。小学校で何で教えるかなと、疑問があったんです。でも、誰も教えてくれない。それでいろいろと考えたんですが、結局最後にたどり着いたのは、〈子どもの頭の中を整理するため〉というものです。たとえば、一字下げて書き始めていく。次に、違うことを書くときには行を変えて、ここから違う話ですよ、というように作業をしていくと、子どもが次々に思い浮かべたことを頭の中に整理していくことができるのではないかと思うんです。

だから、原稿用紙じゃなしに、更紙に書かしたこともあります。先生もそのやり方を併用なさって、たとえば、更紙に書けたから、今度は原稿用紙に写してみようかと。そのときに原稿用紙の使い方を教える時間をピシッととってやられたらいいんじゃないでしょうか。

②書く時間までに、どうしても題が決まらない子がいて、とうとう学期中書けなかったんですが……。

――学級の1割くらいは、当日になっても決まらない子がいるのが普通です。この時に「題が決まらなかったんだね。じゃ、書かなくてよろしい」という前に、ボクはその子らを前に呼ぶんです。みんな書き出しているのに、しーんとしているところへポツンとしているのはつらいですよ。だから前へ呼んで話をして、いろんなことを問いかけてやるんです。「こんなことなかったの？」と。するとボクの経験では、4人いると3人までは「アッター」と、途中で気がついて書き出すんです。でも、一人か二人はどうしても書けない子がいます。じゃあ、その子は仕方がないから他のことをしとこうかと、本を読むなりね。そして、大したことはないんです。まだ2学期があるから。1年間書けなかったらかわいそうですから、その場合には、個人的にその子どもにヒントを与えて、「書いてきてごらん、書けるでしょ」と、そういう手を使ってきたんですがね。

③記念文集を作る場合、どの程度まで教師が子どもの作文を直してやったらいいのか？

――誤字・脱字、いわゆる「表記」ですね。仮名遣い、句読点、かぎなど、表記の間違いは直してやってもよいのではないでしょうか。けれども、「表現」は直すべきではないでしょうね。その時の気持ちを子どもはこんなふうに書き表しているのに、先生が「いや、ここはもうちょっと、こんなふうに書いたらよくなるのになぁ」と書き直すことは、とんでもないことですね。絶対にやってはならないことです。表現の主体は、子どもにあるんですからね。表現とは、子ども自身の表現なんだと。ですから、「ああ書け、こう書け」ということは言わないんです。「ここをもう少し書けばよくなる」とか「その時のお母さんはどんな顔をしていた?」とか、あっちこっちつつきまわして、朱を入れて「もっと気持ちを書きなさい」とか、いっぱい要求して書き直させるでしょ。こういうことはやらないんです。これをやることは非常に親切なように見えて、実は不親切であると思うんです。わかりやすく言えば、植木鉢に植えておいて、早く伸びてほしいといって引っ張るバカがどこにおるかと言うんです。「ああ書け、こう書け」というのは引っ張っているんです。伸ばそうと思ったら、肥やしをやったらいいでしょう。だから〈間接的に〉指導するわけです。

具体的に言いましたら、「読み方」でうんといろいろな表現方法を勉強していくというものもありますし、もっと間接的には、子ども自身の生活・暮らしを豊かなものに、せめて学校生活でも豊かにしてやると、その暮らしの中から、作文が生まれて来るんですね。それをいい加減にしておいて、「もっとうまく書け、もっとうまく書け」と引っ張ったら、しまいには枯れてしまうと思うんです。

私の話が作文というものを考える上での何かきっかけにするというふうにお考えくださったら、非常にありがたいと思います。どうもありがとうございました。

（一九八二年9月11日に行なわれた「〈教師のための学校〉国語講座」での講演記録。小田富生・友渕洋司さんが記録・編集されたものをもとに、再編集）

「授業」への提言

1．だまされたと思ってやってみナ

「だまされたと思ってやってみナ」ということばがある。ほんとかな、うそかな……と、半信半疑の状態がつづくとき、「ええい！　だまされたと思って……」と踏み切る。

国語科よみかたの授業は「よむこと」を軸に展開すべきである。具体的には、第一、「毎時全文をよみ通すこと」、第二「ひとしごと終えればかならずよむこと」。ここ2～3年前から私は現場の先生方に、しつこくこの二つをすすめ続けてきた。「だまされたと思ってやってみてください」と言いつづけてきた。

ところが、なかなか「だまされた」と思ってもらえない。「〈ごんぎつね〉みたいな長文でも毎時間よむのですか」「はい」「全文をよむのですか」「はい、そうです」「よむだけで終わってしまいませんか」「よむのに35分かかったら、あとの10分でやれることをやればよいのです」

とにかく、文句なしに、まず教材である文章をよむための時間を確保する。文章の内容をつかむためのもっとも効果的な方法、それはよむこと。よむにしたがってなかみがはっきりし、そのことがよみ声をいっそうはっきりさせ、よみの調子をスムーズにしてくれる。そしてこれは、いつでもだれにでもできる、きわめて平易な学習方法である。だから、まずスラスラよめることを目標にすればよい。スラスラよめれば内容はほとんどつかめているはずである。

だが、私のすすめるとおり、「だまされた」と思って実践に踏み切れないのは、おそらく、これでは「読解のための話し合い」の時間が十分にとれなくなる――という不安があるからであろう。しかし私には、よむことをいいかげんにしておいて、延々とつづけられる「内容探究作業」のなかで、日本語がどれくらい、いいかげんに、あいまいに、使われているかが気になってならない。そして、なによりそのことが、「よみかた授業」をこの上なくつまらないものにしてしまって、次々と国語ぎらいの子どもをつくり出してしまっていることがかなしい。

うんとよませれば、たしかに話し合いのための時間は、ごくわずかになるだろう。けれど、そのことがまた「ことば」への慎重さを生み出してくるのではあるまいか、そしてあたらしい「話し合い」のかたちの誕生をも予想できそうに思えるのだが、どうだろうか。

（一九八七年6月20日）

2．テレビ番組「授業」

ＮＨＫ教育テレビ。午後8時から45分間、「授業」という番組が今までに9回放送された。ここに登場する先生はどの人も学校の教師ではない。医師・実業家・作家・音楽家・科学者・書家……など。現在その世界では一流の有名人ばかりである。この人たちが自分の母校の小・中学校で授業する。ビデオはいつも彼らが4〜50年ぶりになつかしい校門をくぐる場面からはじまる。

ところで、この番組を毎回見ていてふと私は気付いた。それはこの「授業」に登場する先生たちは、どの人もその道の権威ではある。けれど、だからといってどの人にもすばらしい授業ができるわけではない——ということである。

たとえば野辺山宇宙観測所長・森本雅樹氏の「空の向こうに何がある」という理科の授業〈原子論の初歩〉では、私もビデオ画面の6年生といっしょになって先生の話に聞きひたった。すごくおもしろかった。感動した。もう1時間つづけてほしいなと思った。けれど番組の中には、どうにもつまらなくて、わるいけれど途中でスイッチを切ってしまいたくなるような授業もあった。

このちがいはどこから生まれるのだろうか。私はいろいろ考えてみた。そして最後にたどりついたのは〈授業のなかみが子どもたちにとって、ほんとうに学ぶに値するものであるか、どうか——それが授業の成功失敗を決めるカギ〉ということであった。

先だって、ある研究会のあと、野名竜二さんと話し合っていたときのことである。話題が偶然このテレビ番組「授業」に及んだ。野名さんも私と同じように、ずっとこの「授業」は見つづけて来たらしかった。そこで私が「えらい人だからといって、すべてうまく行くとは限らない——そこが授業というもののおもしろさではないのかナ……」と、口を切ろうとしたら、野名さんが私の考えてもいなかったことをズバリと言った。

「私たち教師は、あの人たちよりもっとうまく授業はやれるかもしれない。けれど、あの人たちのだれもが示してくれたあの誠実さを持って、授業にのぞんでいるか――と思ったな」

私はハッとした。そして、そのとたん、額に玉の汗をうかべて子どもたちといっしょに歌いつづけた、作曲家・三善晃氏の、けっしてうまいとはいえない音楽の授業を思い出したのであった。野名竜二さんはやはり私の畏友である。

（一九八七年8月3日）

3.「ごん」はおやのかたきか

秋になると、あちこちの学校で、国語授業の校内研がさかんにおこなわれます。そしてその教材として、毎年「ごんぎつね」のとり上げられることが多いようです。私もよくその研究会に参加させてもらったり、授業プランや授業記録をよませてもらったりするのですが、この「ごんぎつね」の授業ではほとんどといってよいほど、いちばん最後の第6章が授業研究の対象としてとりあげられます。6章がこの作品の「やまば・おおづめ」に当るので自然そうなるのでしょうが、じつはひとつ気になることがあるのです。

それは最後の場面、物置でなわをなっていた兵十が、こっそりうら口から土間にはいりこむごんの姿をみつけたところ、「こないだ、うなぎをぬすみやがったあのごんぎつねめが、またいたずらをしにきたな」と胸につぶやいた兵十が、「ようし」と立ち上がって、火縄銃を取るところです。

あそこで、たいてい、「そのときの兵十の気持ちは？」という発問が出されます。そしてその

答えの中に、
「おっかあはうなぎが食べられずに死んだ。ごんのせいで死んだ。おっかあを殺したのはごんだ。そのうらみをいまはらしてやろう」
といった意味の発言が、次々と出されてくることがあるのです。が、たいていの場合、こういったよみが正されることなく、そのまま授業は進行していきます。したがって、3章以降のごんのつぐないも、兵十のおっかあを死なせてしまった罪人のつぐないという意味に読まれていきます。しかし、おっかあが死んだのは病気が重くなって死んだのであって、うなぎが食べられなかったから死んだのではありません。おっかあは、うなぎが食べたいと思いながら死んだのでしょう。そのことは、2章のおしまいに穴の中でひとりごとを言っているごんのせりふをよめば明らかです。

ずいぶんむかしからのことですが、いまだに「深く読まさねば」とか、「分析批評」とか、よみかた授業では、どうもむずかしすぎる話が多いようです。それよりもまず、作品・文章そのものをまちがいなく、たしかによみとっていくというようなことが何より大切なのに——と、いよいよ思うようになりました。

（一九八七年11月20日）

4．すきなところがありますか

本来、国語教育では「よむ」「かく」以前に「きく」「はなす」が重んじられねばならない。「はじめにことばありき」であるから、「よく聞き、よく話す」を出発点とするのが当然であろう。だから私たちは国語の時間に「話す力」「聞く力」をなんとか子どもの身につけようと苦心する。

大阪国語教育連盟のなかまたちが、気楽にのびのびと発言してくれる子どもを、ひとりでも多く育て上げたいとねがい、ああでもない、こうでもないと苦労した結果たどりついた形が、どうやらまとまりを見せたのは、今からもう10年も前であったかと記憶している。ご存知の方も多かろうと思うけれど、そのかたちを改めてご紹介しよう。

一応、教材のよみが終わったところで、まずこちらからかけることばは「すきなところがありますか」である。「ありますか」だから、答えは「はい、あります」「いいえ、ありません」のどちらかである。それ以外にはない。だから答えやすい。「あります」と答えてくれれば「それはどこですか」とたずねる。「～のところです」「では、そこをもう一度よんでください」――そしてよみ終わったら、「いま、読んだところで、何かお話ありますか?」「はい、あります」「では、そのお話をしてください」

これだけのことである。これだったら、べつに授業の名人でなくても十分にやれる。そしてこの手順どおりやれば一応の成果は上がる。好きなところだから自分なりに語れるだろうし、そこのところから、「話し方」の勉強がはじまる。

ただひとつ、注意せねばならぬことは、「すきなところ、ありません」と言われても、「お話することなし」とことわられても、いやな顔をしないことである。話すことがないというのなら、もう一度読んでもらったらいいのだし、全員、好きなところなしというのであれば、「先生はあるよ」、とそこを読んでやればよい。いやな顔などすることはない。

だからこれは自分の思い通りにことが運ばねばきげんを悪くするという教師根性をたたきなおす何よりの方法でもある。もともと子どもには発言する権利とともに発言しない権利もある。そういう子どもの人権をみとめるところからまずスタートせねば、まともな授業はできるものではない。

（執筆年月日不明）

5．たのしく話し合う

前回のはじめにも書きましたが、文字以前に「ことば」があり、「よむ・かく」の前に「きく・はなす」があります。国語の勉強は、まず、「きくこと・はなすこと」のたのしさや、ゆたかさを目指してスタートすべきでしょう。

「そんなこと、わかってる」――かもしれませんが、毎日の授業の中で、子どもたちの日本語をきく力、はなす力が、少しずつでもよい、着実にそのからだの中へつみ上げられていっているか、どうか、……もう一度考えてみようではありませんか。

ふつう、授業研究の席では、そのとき公開された授業がまず評価されますが、その評価の規準のひとつに、「子どもがどのくらいよく発言したか」というのがあります。ところが、ほとんどの場合、この「よく発言した」というのは発言の量を言っているようなのです。「子どもたち全員が次々と挙手して発言を求め、じつに活発にたくさん話した。先生のものをいう間がないほどだった。じつによい授業だった」といった調子です。だが、しかし、これではどうも落ち着けません。

そんなことよりも、ほんとに話し合いになっていたのかどうか、私などそれがやはり気になるのです。話すときには聞き手がいて、聞くときには話し手がいます。かわりばんこに話し手になったり聞き手になったりする。だからこそ話し合いなのです。そして、話し合うからたのしいのです。そのときの話題（教材）が、真に学ぶに値することで、子どもたちの心をとらえておりさえすれば、彼らは友だちのことばに耳を傾けます。一方、話す子どもは、自分のことばにうなずいてくれる友だちの顔によろこびを感じます。発言の量は問題ではありません。たったひとことに、ひどく心を揺すぶられる場合だってあるではありませんか。

こういった話し合いの中におのずから生まれてくるたのしさ——これこそが私たちの求めているものでしょう。こういったたのしさを生み出すことのないおしゃべりの羅列は、ただにぎやかなだけで、まったく無意味なものです。それをいちばんよく知っているのは子どもたち自身です。うそだと思ったら、子どもにきいてごらんなさい。

（執筆年月日不明）

6．「ねらい」から「ねがい」へ

ふつう、授業案のいちばんはじめに、だれもが指導目標を書きます。「指導のねらい」と書かれることもあります。私も書いてきました。教育そのものが目的意識的な仕事であるかぎり、目標をかかげ、ねらいを持つのは当然のことでしょう。

ところが、1～2年前から、あちらこちらで授業させてもらうときの授業案のはじめに書く、この「ねらい」とか「目標」とかいう文字が、私には書きづらくなってきたのです。現在、私にはもう担任する子どもがいませんから、私が授業させてもらう相手はつねにひとさまの子どもです。だからよけいにそう思うのかも知れませんが、授業案のなかで「目標」をさだめ、「ねらい」を決めて、名乗りを上げてしまうと、その授業にどうしても「おしつけ」の生まれてきそうなあやうさを感じるのです。この目標を達成せねば、授業した意味がない――と、はりきる。と、どうしてもそこには「このことを……」「このオレが……」といった力みがともなうのではないでしょうか。そしてこの力みが、思うように授業がはこばぬ際の強引なおしつけとなって表れそうなのです。おしつけが横行するとその授業から子どもが消えてしまいます。子ども不在の授業にたのしさなど求めようがありません。

とくに、物語文のよみの授業では、その作品がすぐれたものであれば、私たちが「ねらい」としてかかげた何かを教えるということは、教材自身がちゃんとやってくれるはずです。教師はそれにそっと手をそえるだけでよいのです。だから、教材である作品が、直接子どもにはたらきかけてくれるこの力を信頼して、「ねらい」などふりかざすことをせず、どうかこんなことを悟ったり、感じてくれますように……と、ねがうだけでいいのではないでしょうか。そしてそのためには、思い切って授業プランの「ねらい」を「ねがい」と書きかえるべきではないのか――私はいまそんなことを考えています。そして、授業の結果、教師のねがったことが、たとえ半分しか達せられなかったとしてもいいではありませんか。子どもの人生は私たちよりずっと長いはずですから。

（執筆年月日不明）

7. 名人芸

すばらしい授業のあとで、
「あの先生の授業はちょっとまねできない。あれは名人芸だ」
と評されることがあります。もちろん、これはほめことばです。ちょっとふつうの者にはやれそうにない、その人にしかやれない――だから名人芸なのです。

そして、まねできないけれど、われわれも何とかしてあの境地に近づきたいものだ。そのためには研究努力、それ以外にない。だから、ガンバロウ！――となるわけです。がそう言われても、若い人には、何を、どうがんばったらいいか見当もつきません。

名人芸と評された先生の授業は、何ともいうにいわれぬ雰囲気みたいなものがあって、それにすっぽりつつまれて子どもたちはスイスイと授業にのってゆき、いかにもたのしげに提示された課題ととりくみます。だから参観者がだれもみな「すばらしい授業だった」と感嘆します。ところがそのあと、言い合わせたように、「だがオレにはとてもできそうにないナ」と思うのです。こういう事実を見てきているので、あえて私は

「名人芸といわれる授業は、鑑賞の対象とはなっても研究の対象とはなり得ない」

と、言い切りたくなるのです。

授業研究の対象となる授業というのは、参観者が「うん、いい授業だった。あれならオレだってやれそうだナ。ひとつやってみるか」と、こころ動かされる授業であります。とうていまねなどできそうにない名人芸的授業（技術よりは、その人独特の個性的技能がモノをいう）よりも、これの方が研究のためにはねうちがありそうです。ここには十分伝達可能な技術的方法の示されていることが多いからです。

芦田先生の授業はまさに天下一品、これこそ名人芸でした。しかし先生はその上にアグラをかくことなどなさらず、きちんと技術方法論を私たちに示してくださいました。七段階に展開するあの「芦田教式」が、そのひとつであります。私たちはそれを手がかりにして、先生の授業をまねました。すぐれた授業はまねればよいのです。そこに示されている授業技術をまねてゆくなかで、授業者独自の技能的側面はかならず生まれてくるものです。模倣と創造は決して対立するものではないと私は信じております。

（執筆年月日不明）

編集を終えて ―― 山本さんの仕事から何を受け継ぐか

松口一巳

教師になった途端に、大学で学んだことがほとんど役に立たず、右往左往する羽目になった私は、先輩に誘われるままに一読総合法（児童言語研究会）のサークルに通うようになりました。サークルで教えてもらったことは、いくつかの授業に活かすことができましたが、「自分自身が学び直さなければ…」と思い直し、数教協（数学教育協議会）の水道方式の本を読んだり、組合の青年部の実践交流会などに参加したりするようにもなりました。

私が大学で学んだ中で、唯一と言っていいくらい面白かったのが「国語科教材研究」という授業でした。その時の先生が本文にもお名前の出てくる野名龍二さんでした。その野名さんが「大阪国語教育連盟」の方だったので、連盟主催の会にも参加したりもしました。そうした試行錯誤の中で雑誌『たのしい授業』（仮説社）や仮説実験授業を知ることになります。

野名さんの友人の山本正次さん（授業研究の会。定年退職後に主宰）が仮説実験授業研究会にいらっしゃることを知ったのは、ずっと後のことです。「モンシロチョウのなぞ」などの「よみかた授業書案」をやるうちに、「あれ?山本正次という名前はどこかで聞き覚えがあるぞ…」と思い、過去の資料ファイルを見てみると、「大阪国語教育連盟」の通信などに山本さんの文章が載っていたのです。

仮説実験授業にのめり込んでからは他の教育研究団体の会には行かなくなっていたのですが、山本さんの文が載った資料は手元に残してあったのです。山本さんの文章が気に入っていたからだと思います。

さて、ここで山本さんの略歴をご紹介しておきましょう。山本さんは戦前に天王寺師範学校を卒業され、教師になりました（私が卒業した大阪教育大学は天王寺師範をルーツに持ち、在籍したII部は天王寺に校舎がありました。不思議な縁を感じます）。同僚や芦田恵之助らとの出会いによって、教育に情熱をかたむけられるのですが、敗戦を経て自分自身を見つめ直し、私立学校の教員として再出発されます。四十歳を迎える頃、四條畷学園小学校に赴任し、「大阪つづり方の会」や「教育科学研究会・国語部会」に参加するようになりました。

そして昭和四十年、山本さんは板倉聖宣さんと、その板倉さんの提唱された仮説実験授業に出会います。既に五十歳を越えて、国語教育界では名の知られた存在であった山本さんが、新しい世界に足を踏み入れることになったのです。

山本さんが学んできた芦田恵之助や生活綴り方は、ややもすると名人になるための修行や努力を必要とするものでした。しかし、仮説実験授業における授業書という存在は、意欲のある人ならだれでもたのしい授業を実現できるようにするものです。山本さんは、自分の学んできたことと仮説実験授業の考え方を元に「よみかた授業書案」をはじめとするたくさんの授業プランや論文を精力的に発表されるようになったのです（二〇〇一年逝去）。

しかし、山本さんの残された仕事のうち、現在、簡単に手に入るものは限られています。そこで、国語の授業の基本である「きく・はなす・よむ・かく」にふれたものを中心に本書を編むことにしました。ただし、「よむ」ことに関しては、『よみかた授業プラン集』をはじめ現在でも入手可能な文献があります（後記）。それで、ここではそれ以外の文章を中心にしています。

私自身今でも山本さんのマネをしながら授業をしているのですが、たとえば本書に収録した「すきなところはありますか」の授業後に子どもたちに聞いてみたところ、「みんながどこが好きか知れていい授業だった」「たのしかった。またやりたい。ゆっくりやるのとくらべるといいなと思った」「意味調べをするのは大変で時間がかかるけど、これはススーといっていい。この方がいいと思った」といった感想が並びました（この授業の様子は『たのしい授業』二〇一四年4月号、参照）。

考えてみれば、私だって本を読むときに、いちいち辞書を片手に読むなどということはやりませんし、同じところを何度も何度も読んで、作者は何を言いたかったかを考えたりはしません。読書の楽しみは、そんなところにないからです。

「すきなところはありますか」は、特別な準備も必要ない、あっさりとした授業のように思えます。しかし、このシンプルな授業の中にこそ、国語の授業の本質的なものがあるのではないでしょうか。「すきなところはありますか」だけでなく、本書に収録した文章は、どれも〈国語の授業の本来の在り方〉はこうなんじゃないかと思えるものです。山本さんのやられてきたことは名人を作り出すためのものでなく、子どもたちに本当にたのしい国語の授業を届けるためのものだった――本書を編集しながらそのことを再確認する思いでした。

最後に本書に収録した文章の初出誌を書いておきます（執筆日時はわかる範囲で本文に書いてあります）。

・「すきなところがありますか」は、山本さんの個人誌『風信帖』夏の号No.6（一九九〇年7月）に収録。その後、『たのしい授業』二〇一四年4月号に再録。
・「話し合うことのたのしさをもとめて」は、『OSAKAたのしい授業研究　第2集』（大阪たのしい授業研究会、一九九五年1月発行）というガリ本に収録。
・「誰にでもできる作文指導」は、ガリ本『山本正次講演集2』（日高仮説サークル）に収録。その後、『たのしい授業』二〇〇三年10月号に再録（なお、この号には山本さんの作文指導法を取り入れた授業の記録も掲載）。
・「授業への提言」は、『風信帖』夏の号No.2（一九八九年7月）に収録。

収録した文章の元原稿・資料を作成された方々、そしてこの企画を推進し、私をはげましてくれた仮説社編集部の増井淳さんに厚くお礼申し上げます。本書が、山本正次さんの国語の授業、本質的でたのしい国語の授業を知るきっかけになれば嬉しいです。

○山本正次さんの仕事をより深く知るために、ここでは比較的入手しやすい本を紹介します。

山本さんの「よみかた授業」については、山本正次編著『**よみかた授業プラン集**』（仮説社）にまとまっています。教材と授業のすすめ方が具体的に書かれているので、そのまま授業することができます。なお、この本の元になった資料集として『よみかた授業書案集』（1～5、キリン館 fax 0880・63・2509）があります。

「たのしい授業」編集委員会編『**たのしい授業プラン国語1**』（仮説社）には、「声をだして〈よむ〉ことをもう一度考えよう」「国語科〈よみかた〉の授業運営」「授業書案 吉原順平〈モンシロチョウのなぞ〉」という文章が収録されています。

同『**たのしい授業プラン国語2**』（仮説社）には、「私の国語科授業法」「書きたいことを書く作文の授業」「子どもにどうこたえるか――私の国語科〈よみかた〉授業書案」という文章が収録されています。

同『**たのしい授業プラン国語3**』（仮説社）には、「詩の授業〈ともだち〉」が収録されています。

「たのしい授業」編集委員会編『**1時間でできる国語**』（仮説社）には、「〈子どもがどう読むか〉をたのしむ授業」という講演記録が掲載されています。

同『**たのしい授業プラン道徳**』（仮説社）には、「鉄塔を登る男」というよみきかせのプランが掲載されています。

また、山本正次『**子どもに向かって歩く**』（太郎次郎社）は、山本さんの教師としての歩みを知るためには有益です。ただし、絶版ですので古本屋などで探してください。

山本正次『**さらば優等生**』（南の風社、キリン館で販売）は、教育エッセイですが、山本さんの子ども観・教育観を知ることができます。

なお、仮説実験授業やその考え方については、板倉聖宣『仮説実験授業のABC』（仮説社）や、板倉聖宣『たのしい授業の思想』（仮説社）などを参照してください。

〔編集部〕

著者・編者紹介

山本正次
1913年　北海道室蘭市生まれ。幼いころ両親を亡くす。
1933年　大阪・天王寺師範学校卒。
1947年　私立帝国学園（中・高）に勤める。
1953年　私立四條畷学園（小）に勤め，1976年まで教師を続ける。芦田恵之介の「恵雨会」，「日本作文の会」等に参加。授業研究の会を主宰。仮説実験授業研究会会員。大阪国語教育連盟委員。著書に『子どもに向かって歩く』（太郎次郎社），『よみかた授業プラン集』（仮説社）など。2001年逝去。

松口一巳
1965年　福井県三方町（現　若狭町）生まれ。
1989年　大阪教育大学Ⅱ部小学校５年課程卒業。
福井県の小学校教員。仮説実験授業研究会会員。

国語の授業　きく・はなす・よむ・かく

2015年6月15日　初版発行（1500部）

著者　山本正次

発行　株式会社 仮説社
169-0075 東京都新宿区高田馬場2-13-7
電話 03-3204-1779　FAX 03-3204-1781
www.kasetu.co.jp　mail@kasetu.co.jp
装丁　渡辺次郎
印刷・製本　平河工業社
用紙　（表紙：モデラトーンシルキー四六Y135kg／本文：モンテルキア菊T41.5kg）
Printed in Japan　ISBN 978-4-7735-0259-6 C0337